百大科学奥秘

BAI DA KE XUE AO MI

《给孩子看的科普书》编委会 ◎ 编

吉林出版集团有限责任公司 | 全国百佳图书出版单位

U0652747

图书在版编目（CIP）数据

百大科学奥秘/《给孩子看的科普书》编委会编. —
长春：吉林出版集团股份有限公司，2012.12（2021.6 重印）
（给孩子看的科普书）
ISBN 978-7-5534-0999-3

Ⅰ.①百… Ⅱ.①给… Ⅲ.①科学知识—青年读物②
科学知识—少年读物 Ⅳ.①Z228.2

中国版本图书馆 CIP 数据核字（2012）第 279669 号

百大科学奥秘
BAI DA KE XUE AO MI

《给孩子看的科普书》编委会 ◎ 编

出版策划：孙　昶
选题策划：郝秋月
责任编辑：于媛媛
责任校对：高　涵
装帧设计：李亚兵
图文编排：胡颖颖　赵晓玲
出　　版：吉林出版集团股份有限公司
　　　　　　（长春市福祉大路 5788 号，邮政编码：130118）
发　　行：吉林出版集团译文图书经营有限公司
　　　　　　（http://shop34896900.taobao.com）
电　　话：总编办 0431-81629909　营销部 0431-81629881
印　　刷：三河市燕春印务有限公司
开　　本：787mm×1092mm　1/16
印　　张：10
字　　数：220 千字
版　　次：2013 年 1 月第 1 版
印　　次：2021 年 6 月第 8 次印刷
书　　号：ISBN 978-7-5534-0999-3
定　　价：38.00 元

版权所有　侵权必究
印装错误请与承印厂联系　电话 15350686777

前言
QIAN YAN

科学的萌芽，迎来了人类文明的曙光；科学的发展，推动了人类社会的进步。随着知识的积累，人类利用自然、改造自然的能力越来越强，科学越来越广泛而深入地渗透到了人们的工作、和生活之中，科学技术成为国家综合实力和文明程度的主要标志，科学的光芒正照耀着我们前进的方向。本书精心选取了当今主要学科领域的基础知识和主要成就，并配以精美的图片，帮助小读者系统全面地架构起科学知识体系的框架，开阔视野，启迪思维，指引他们一步步地进入神秘而有趣的科学王国。

目录
MU LU

万物原理

变化之学

生命科学

信息科学

新科学技术

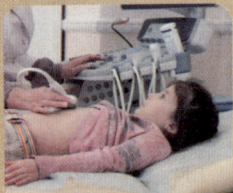

万物原理

WAN WU YUAN LI

No. 001 三种状态——物质的形态

一般情况下，固体、液体、气体是物质的三种形态。0摄氏度以下时，水会结冰；0摄氏度以上，冰块融化成为液体；100摄氏度以上，水就会变成水蒸气。

■ 固体

固体形状不容易改变，如钢铁等。因为固体中的粒子由很强的化学键连接在一起，结构牢固，具有阻挡外力使之变形的能力。但固体会发生热胀冷缩的现象，受热时会膨胀，遇冷时会收缩。

■ 液体

液体在我们的日常生活中非常普遍，我们饮用的水、牛奶、果汁，作为燃料用的汽油、柴油等都属于液体。液体没有固定的形状，它的形状会随着放置它的容器的不同而发生改变。

水的液体状态

■ 气体

气体看不见、摸不着，也没有固定的形状和体积，这是因为气体中的粒子彼此离得很远。但我们却能感觉到气体的存在，如你扇扇子时感觉到的凉爽的风，就是气体在流动。气体与人类关系密切。

■ 物质形态相互转变

物质的形态并非一成不变，例如燃烧的火焰使蜡烛变成了液体——蜡油。而蜡烛熄灭后，热量消失，蜡油又重新凝固成了固体。

▷ 香水

■ 等离子体

物质通常有3种形态，但有时还有少见的第4种形态——等离子体。等离子体是由受到强热或电的作用而裂变的原子或分子组成的。只有在温度非常高的环境中，等离子体才会出现。

知识小笔记

1963年，一个中学生姆潘巴做冰淇淋时偶然发现"热水比冷水先完全结成冰块"的世界物理界知名问题。很多人试图探寻答案，但至今仍无定论。

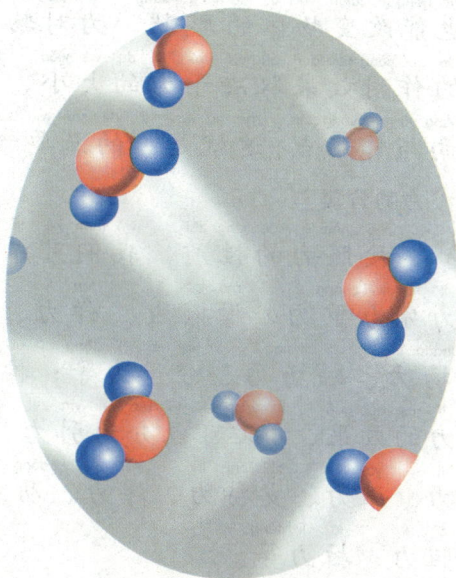

▲ 等离子体

No. 002 物体间的相互作用——力

力在我们身边无处不在。当你坐在椅子上时，你能感到身体对椅子施加了力；当你拎着袋子时，能感到手对袋子施加了力；当你站在地面上时，你能感到你对地面施加了力。

力的科学定义

力是物体间的相互作用，能使物体的运动状态发生改变，即改变物体的速度大小或方向。力也能改变物体的形状。力对物体的作用效果取决于力的大小、方向与作用点，这就是力的三要素。

力的分类

按照力的性质，我们可以将力分为重力、摩擦力、弹力、电场力、磁场力、分子力等；按照力的效果，力又可以分为引力、斥力、压力、支持力、浮力、动力、阻力、拉力等。

▶ 在太空飞行时你只要轻轻一点脚，人就会腾空而起，在空中自由地飞来飞去，这是因为身体失去了重力的作用。

力的测量

一般情况下，测量力要用到测力计，弹簧秤是最常用的测力计。人们用弹簧的伸长程度来测量力的大小。物体对弹簧的拉力的大小不同，弹簧伸长的程度也不同，拉力越大，弹簧伸得越长。

力的单位

英国著名科学家牛顿曾经在力学领域中做出了巨大的贡献。为了纪念他，后来人们就将力的单位以牛顿的名字来命名。现在"牛顿（N）"已经成为国际上通用的表示力的单位。

力学知识运用

力学知识与我们现实生产、生活关系密切。如修建桥梁，除了要计算桥梁承担自身的重量外，还要计算承担来往车辆的负荷，哪怕是微小的误差也会引起力的不平衡，从而导致桥梁的损坏。

弹簧秤是常用的测力工具。

知识小笔记

不管风向如何，水手都能利用两个力的合力使船朝需要的方向行驶。这两个力的其中一个是帆上受到的力，它取决于风向和帆的位置。

古人很早就知道造桥的时候要保持力的平衡。

No.003 无处不在——摩擦力

在运动时，物体间的接触面会产生摩擦力。摩擦力能帮助你把运动的物体静止下来，也可以帮你把静止的物体变成运动状态。

什么是摩擦力

相互接触的物体相互运动时互相施加的一种物理力，被称为"摩擦力"。摩擦力无处不在：自行车刹车、汽车和火车的制动依靠的是摩擦力，钉子固定在墙上也是依靠摩擦力。

摩擦力的分类

物体有向前运动的趋势但却没有动，物体和地面之间产生的摩擦力叫作静摩擦力。物体沿另一物体表面滑动时所产生的摩擦力，叫滑动摩擦力。一个物体在另一个物体上滚动时产生的摩擦力，叫作滚动摩擦力。

知识小笔记

摩擦可以产生热量。冬天我们来回搓手，可以让手变得暖和起来。早在原始社会，人们就懂得了钻木取火，利用的就是摩擦力。

车在陆地行驶时，轮胎与地面之间、车与空气之间会形成摩擦力。

No.004 苹果的启示——万有引力

niú dùn shì yīng guó wěi dà de kē xué jiā jù shuō yī tiān
牛顿是英国伟大的科学家。据说，一天，
niú dùn zài yī kē píng guǒ shù xià zuò zhe sī kǎo wèn tí tū rán yī
牛顿在一棵苹果树下坐着思考问题，突然一
kē píng guǒ diào xià lái zá zài le tā tóu shang niú dùn yóu cǐ fā xiàn
颗苹果掉下来砸在了他头上，牛顿由此发现
le zhù míng de wàn yǒu yǐn lì dìng lǜ
了著名的万有引力定律。

牛顿第一运动定律

niú dùn dì yī yùn dòng dìng lǜ dāng wù tǐ
牛顿第一运动定律：当物体
bù shòu wài lì zuò yòng huò suǒ shòu hé lì wéi
不受外力作用，或所受合力为
líng shí tā jiù huì bǎo chí zì jǐ yuán lái de
零时，它就会保持自己原来的
yùn dòng zhuàng tài zhè yī dìng lǜ yòu chēng wéi
运动状态。这一定律又称为
guàn xìng dìng lǜ
"惯性定律"。

知识小笔记

牛顿在临终前曾经
说过："如果说我比笛卡
尔看得远一点，那是因
为我站在巨人的肩上。"

➤牛顿在1687
年发表的论文《自
然哲学的数学原
理》里，对万有
引力和三大运动
定律进行了描述。

万有引力

niú dùn bǎ dì qiú shang de wù tǐ lì xué hé tiān tǐ lì xué tǒng yī dào le yī gè jī běn de lì
牛顿把地球上的物体力学和天体力学统一到了一个基本的力
xué tǐ xì zhōng chuàng lì le jīng diǎn lì xué lǐ lùn tǐ xì zhè ge tǐ xì zhèng què de fǎn yìng le hóng
学体系中，创立了经典力学理论体系。这个体系正确地反映了宏
guān wù tǐ dī sù yùn dòng de hóng guān yùn dòng guī lǜ shí xiàn le zì rán kē xué de dì yī cì dà tǒng
观物体低速运动的宏观运动规律，实现了自然科学的第一次大统
yī zhè shì rén lèi duì zì rán jiè rèn shi de yī cì fēi yuè
一。这是人类对自然界认识的一次飞跃。

No.005 永不停止——运动

运动无处不在，永不停歇。你看见了吗，一片树叶从树上落下，说明它在运动；一只鸟在天空中飞翔，说明它在运动……

在宇宙中，大到恒星，小到灰尘，都在不停地运动，科学家们直到今天也没有发现绝对静止不动的物体。

认识运动

虽然人类很早就认识到了物体的运动，但是直到近代，人们才认识到运动是物体的一种性质，静止只是相对的，没有任何物体是绝对静止的，世界上的所有物体都处在不停的运动之中。

静止是相对的

世界上没有完全静止的物体，比如你和一个朋友坐在车上，你看你的朋友是静止的，但是路人却看到他是运动的。当参照物不同时，物体的状态也不同。

当汽车和火车以相同的速度运行的时候，汽车相对于火车是静止的，但相对于路牌来说它们都是运动着的。

速度

力能够使物体运动起来，有些物体运动得比较慢，有些则运动得比较快。物体运动的快慢是相比较而言的，我们通常用速度作为标准来衡量物体运动的快慢程度。

猎豹是陆地上奔跑速度最快的动物，它的速度在 120 千米/小时以上。

惯性

如果一个运动的物体不受其他力的作用，就会沿着运动方向一直匀速运动下去，这就是物体的惯性。行驶中的汽车刹车后不能马上停下，而是在刹车后滑出了一段距离才能停车，这就是惯性造成的。

当人坐在车上，突然刹车时，人的身体会不由自主向前倾，这是由于惯性的作用。

知识小笔记

20世纪初，德国物理学家爱因斯坦发表了狭义相对论，并证明了质能关系。这里说的能量包括了能量的各种形式，突破了之前人们对能量与惯性的认识。

动量守恒定律

当一个物体不受外力或所受外力之和为零时，它的总动量保持不变，这就是动量守恒定律。动量守恒定律是自然界中最重要的守恒定律之一，它既适用于宏观物体，也适用于微观粒子。

No. 006 强壮的力—简单的机械

机械是简单的装置，也就是生活中的各种机器与器械。在我们周围，有数不清的不同种类的机械在为我们工作，它们能增大工作中所用的力，还可以比人类工作得更有效率。

■ 木牛

三国时期，著名的军师诸葛亮曾发明过一种不吃草料又能翻山越岭的木牛。这种木牛其实就是有史可考的一个古老的机械，是一种人力独轮车。在木牛的前后装着四条木柱子，这样车在行走或停车的时候就不容易倾斜翻倒。

→ 自行车上采用了齿轮，骑起来更省力。

■ 齿轮

自行车、机械钟表都是齿轮在我们生活中应用的实例。齿轮就是在轮缘上均匀地分布着许多齿的一种机械零件。两个齿轮之间靠齿互相咬合，形成连接，只要驱动其中的一个齿轮转动，另一个也会跟着转动。改变齿轮半径的大小可以改变齿轮转动的速度和力量。

滑轮

huá lún shì yòng lái tí shēng zhòng wù bìng néng shěng lì de yī zhǒng jiǎn dān jī xiè
滑轮是用来提升重物并能省力的一种简单机械。

lì yòng huá lún zǔ wǒ men kě yǐ qīng sōng de tí qǐ hěn zhòng de wù tǐ lā yǐn shí
利用滑轮组，我们可以轻松地提起很重的物体。拉引时

wèi zhì bù biàn de huá lún chēng wéi dìng huá lún yǔ zhòng wù yī qǐ shēng jiàng de chēng wéi
位置不变的滑轮称为定滑轮，与重物一起升降的称为

dòng huá lún dìng huá lún zhǐ néng gǎi biàn lì de fāng xiàng bù néng shěng lì ér dòng huá
动滑轮。定滑轮只能改变力的方向，不能省力；而动滑

lún zài bù jì mó cā de qíng kuàng xià kě yǐ shěng yī bàn de lì
轮在不计摩擦的情况下，可以省一半的力。

自动装置

zì dòng huà zhèng zài shǐ wǒ men de zhù
自动化正在使我们的住

zhái shāng diàn jiāo tōng hé gōng chǎng fā shēng
宅、商店、交通和工厂发生

zhe jù dà de biàn huà xiàn zài xǔ duō
着巨大的变化。现在，许多

zhuāng zhì dōu néng zì dòng cāo zuò cóng zì
装置都能自动操作——从自

dòng mén dào jiāo tōng dēng guāng xìn hào zài dào jī qì rén yǐ jí zài kōng zhōng
动门到交通灯光信号再到机器人以及在空中

zì dòng dǎo háng de háng kōng qì zhè xiē zì dòng zhuāng zhì bù jǐn kě yǐ jìn
自动导航的航空器，这些自动装置不仅可以进

xíng fù zá de cāo zuò shèn zhì hái kě yǐ cè dìng tā men zì jǐ de xìng néng
行复杂的操作，甚至还可以测定它们自己的性能。

> **知识小笔记**
>
> 把皮带套在两个轮子上，其中一个轮子转动，会带动另一个轮子转动，并保持转动方向相同。这种传动方式叫作皮带传动。

▲ 滑轮

▲ 自动扶梯

No. 007 上上下下——压力与浮力

压力和浮力是物理力学中最为基本和最常见的力。当你拍篮球的时候，地球对篮球施加了力；船只在水上能够航行，是因为浮力的作用。

不同的压力

在地球上高度不同的地方，压力也不同。海底10000米深的地方，水的压力跟7头大象保持平衡地站在小餐盘上产生的压力相等；而喜马拉雅山顶的压力是海平面的一半。

喜马拉雅山脉

上浮与下沉

浸没在水中的物体总会受到一个方向朝上的浮力和一个方向朝下的重力的作用。如果物体受到的合力向下，物体就会下沉；如果物体的重力小于浮力，那么就会上浮，直到它排开的水的重力等于它自身的重力，就不会再继续上浮。

浮力大于物体的重力时物体就会上浮。

阿基米得雕像

知识小笔记

钢铁制造的轮船船体是空心的，它排开水的体积增大，因此受到的浮力也会增大。而船这时受到的浮力就等于自身的重力，所以轮船能浮在水面上。

大气的压力

由于地球周围有大气，大气本身的重量就产生了大气压。如果处在没有空气的环境中，我们的血管可能会爆裂。

浮力定律

阿基米得定律是把物体受到的浮力与它排开的液体的体积联系了起来，即物体受到的浮力等于它所排开的那部分液体受到的重力。这个定律是以古希腊科学家阿基米得的名字命名的。

ARCHIMEDE

No. 008 承载压力——压强

压强是单位面积上所受的压力，面积越大，压强越小，面积越小，压强却越大。举个例子，学生背包上的带子缝制得很宽，就是为了减轻书包对肩所产生的压力。

压强的单位

在国际单位制中，压强的单位是帕斯卡，简称"帕"，是为了纪念法国科学家帕斯卡而命名的，即牛顿/平方米。压强的常用单位有千帕、兆帕等。

帕

帕是一个很小的单位，一块砖平放在地面上，砖对地面的压强是1000多帕；一粒西瓜子平放在桌面上时，对桌面的压强约20帕；一张报纸平摊在桌面上时，对桌面的压强约0.5帕。因此我们通常用百帕或千帕作为压强的单位。

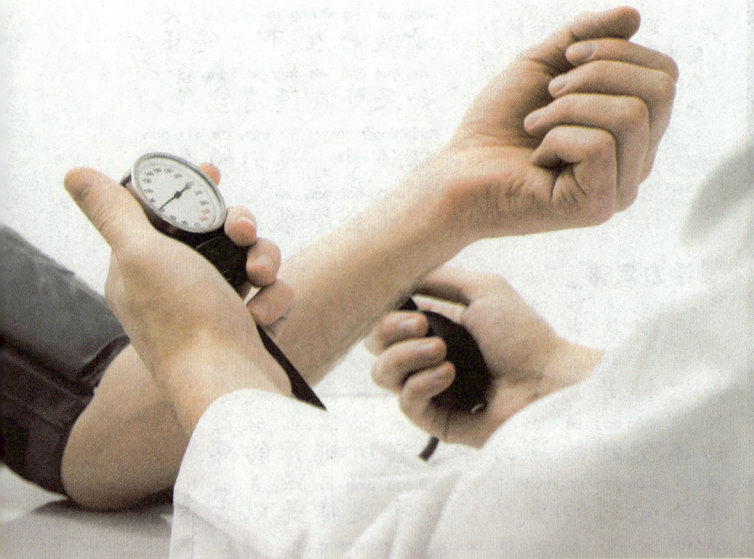

▲ 测量血压

↑ 液压机

■ 液压机之父

盛装液体的容器底、内壁、内部的压强称为液体压强，简称液压。法国科学家帕斯卡发现了液体传递压强的基本规律，这就是著名的帕斯卡定律。因为后来许多液压机械都是根据帕斯卡定律设计的，所以帕斯卡被称为"液压机之父"。

■ 伯努利定理

丹尼尔·伯努利是瑞士的杰出科学家。他写了一本关于流体力学的专著，说明在任何液体或气体中，流速增加时压强就会减小，这就是伯努利定理。伯努利定理是飞机起飞原理的根据。

→ 丹尼尔·伯努利

知识小笔记

帕斯卡没有受过正规的学校教育，他的父亲是一位数学家，在其精心教育下，帕斯卡成为了著名的数学家、物理学家和哲学家。

No. 009 看不见的感觉——热

当夏天天气很热的时候，我们就能感觉到很高的温度，如果天气慢慢转凉，温度也就随之降低。究竟什么是热呢？去看看吧！

热的科学定义

现代科学认为热是由物体内部分子运动而造成的物理现象，每个物体都因为它内部分子在不停地运动而具有热。

热的本质

1745年，罗蒙诺索夫在科学大会上宣读了他的论文《论冷和热的原因》。他认为，冷和热的根本原因，在于物质内部的运动。热是物质运动的一种表现。

知识小笔记

我们最常见的温度测量仪器是温度计。家里挂的温度计用来测量室内温度，而医院里用的体温计用来测量病人发烧的程度。

人们剧烈运动后，就会感到很热，如果不运动了，热就会散发。

No. 010 能量转移——热传递

在寒冷的冬天，当你靠近火炉，热就会立即传遍你的身体，但是当你离开火炉，来到室外，你身体里的热便会跑出来，散发到空气中。这个过程中，热进行了传递。

热传递的实质

热传递的实质是能量从高温物体向低温物体转移的过程。在这个过程中，物质并未发生迁移，只是高温物体放出热量，温度降低，内能减少；低温物体吸收热量，温度升高，内能增加。

热对流

湖水的密度随着温度变化而变化，当水的温度降低时，水密度变大；水的温度升高时，水密度变小。密度变化使水中形成了密度差距，从而产生对流。气体也会出现对流。

火能够产生热量。

知识小笔记

温度越高分子运动的速度越快。在两个相同的玻璃杯中分别注入冷水和热水，再向杯里滴入墨汁，结果热水杯里的墨汁比冷水杯里的散得要快。

No.011 密不可分——功和能

功只有在物体移动的时候才会产生。功和能是密不可分的，没有能量就做不了功。当你端起一杯水时，你就做了功。

能量

能量是物质运动的一般量度。世界上任何物质都具有能量，所以任何物质都具有做功的本领。如果一个物体要做功，就要消耗自身的能量。能量有各种形式，可以互相转换，但总量不变。

知识小笔记

弓箭射出以后会因受到空气阻力和地球引力作用而逐渐消耗动能，如果没有阻挡，它会在动能耗尽后落在地面上。

功率

功率是衡量物体做功快慢的物理量。在国际单位制中，功率的单位是瓦特。为了纪念著名的发明家瓦特，人们将其名字作为功率的单位。

↑ 有了电能，电梯才会正常运行。

动能

动能是物体做机械运动所具有的能量。运动物体所具有的动能大小，随物体的质量和速度的增加相应增加。物体质量加倍，它的动能也会加倍；如果速度加倍，动能则会变成原来的4倍。

↑ 动车速度越快动能就越大。

能量单位

能量不仅有大小，它还有衡量自己的单位。在物理学研究的范围内，能量的通常表示方式为E，国际单位称作焦耳，用符号"J"表示。如果是在表示电能的时候，还会用千瓦·时来表示。

化学能

许多物质的分子内都聚集着能量，当它们的分子发生变化的时候，这些能量就被释放出来，这就是化学能。化学能通常不能直接做功，只有发生化学变化时释放出来才能变成能量。

↑ 燃烧产生的作用力使火箭上升。

No.012 来自自然的能量——电

电是什么？科学告诉我们，电是一种自然现象，含有巨大的能量。18世纪，美国科学家富兰克林成功地捕捉到了天空中的闪电，从此揭开了人类认识电的历史。

摩擦起电

准备一根玻璃棒和一块毛皮，将它们进行摩擦，然后用摩擦过的玻璃棒靠近轻小的物体，轻小的物体会被玻璃棒吸引。这说明摩擦可以使玻璃棒带上电，人们将这种现象称为"摩擦起电"。

知识小笔记

在18世纪前，神学家们宣传"雷为天怒"，但并未揭示出其本质。18世纪中期，美国科学家富兰克林将"天电"引入了莱顿瓶，证实了闪电的特性。

↑ 静电会使头发很凌乱。

静电

在我们的生活中，摩擦到处存在，因此一些物体不知不觉间就带上了电，这就是静电。当你触摸这个物体的时候，就会被静电攻击，有时候静电甚至可以将人击晕。

■ 电荷

18世纪，美国科学家富兰克林证实生活中存在两种性质相反的电，一种是正电荷，一种是负电荷。后来，人们发现物体所带的电总是一个数值的整数倍，于是把这个数值称为"基本电荷"。

■ 电荷守恒

电荷从一个物体流到另一个物体时，在流动过程中系统的电荷数量会保持恒定，不会增多或减少。每个物体都有带电微粒，包括人的身体，但因正电荷与负电荷数量相同，所以不带电。

■ 库仑与电

法国物理学家库仑发现了电荷作用规律，他的发现为人类定量研究电开辟了新的道路，这是电学研究的转折点。为了纪念库仑，人们把电荷间的相互作用力称为"库仑力"，把电荷的单位命名为"库仑"。

闪电

库仑

No. 013 自由流动——电流

与静电不同，电流是可以"流动"的电。有了电流，电话、洗衣机等家用电器才能正常工作。

■ 电路

电路是让电流通过的环路，由导线、用电器等各种连接装置构成。在一个正常流动的电路系统内，用电器才能够正常工作。当电路中断时，电流无法流动，用电器便不能正常工作。

知识小笔记

电流的大小和导线有很大的关系，长度粗细相同的铜线电流就比铝线大。

▶ 电缆线

■ 导体和绝缘体

铜、铁、铝金属等材料中的电子可以自由运动，可以产生电流，我们将其叫作导体；而其他材料，比如塑料、橡胶等，它们的电子被紧紧束缚在分子里，导电能力很弱，叫作绝缘体。

No. 014 动力之源——电池

电池能够产生电流。在生活中，电池应用非常广泛，手电筒、便携式收音机、遥控汽车等就是利用电池来工作的。

■ 干电池

干电池的外壳是一个用锌做成的筒，里面装着化学物质，锌筒的中间立着一根碳棒，碳棒顶端固定着一个铜帽。在干电池内由于发生了化学变化，碳棒上聚集了许多正电荷，锌筒表面聚集了许多负电荷。当用导线连接电池的两极到电路中时，电路里就会有电流通过。

> **知识小笔记**
>
> 法国科学家伏打发明了第一种实用的电池，称为伏打电堆。

■ 蓄电池

铅质的蓄电池的正负两极分别使用二氧化铅和铅，并浸入稀硫酸内，于是两个电极间产生了电流。此时两极分别和硫酸反应，生成硫酸铅。同时电解液中的硫酸因渐渐消耗而变稀。使用蓄电池的过程一般叫放电。

↑ 蓄电池

No. 015 人类好帮手——冰箱和空调

冰箱和空调的发明给人类的生活带来了极大的方便。在21世纪的今天，冰箱和空调的使用已经非常普遍。

布莱顿和孟德斯

1923年，瑞典的布莱顿和孟德斯发明了世界上第一台用电动机带动压缩机工作的冰箱，这就是人类第一台电冰箱。购买了这个专利的芝加哥家荣华公司于1925年开始生产第一批电冰箱。

米德莱

1930年，美国工程师米德莱成功试制出了新的制冷剂氟利昂。这种制冷技术延续使用了50年，直到近几年由于氟利昂对地球臭氧层的严重破坏才被停止使用。科学家们研制的无氟环保技术开始应用在冰箱上。

→ 冰箱

为印刷厂生产的空调

美国纽约的一个印刷商发现温度的变化能够造成纸的变形，从而导致有色墨水失调，于是世界第一台空调系统为他设计产生了。这个空调是被称为制冷之父的英国发明家威利斯·哈维兰德·卡里尔于1902年设计制造的。

现在大部分厂家都用中央空调。

知识小笔记

1873年，德国工程师、化学家卡尔·冯·林德发明了以氨制冷的冷冻机。

中央空调的压缩机

超市的空调

空调自发明以来一直用于工业领域，直到1924年，底特律的一家商场，常因天气闷热而有顾客晕倒，因此他们首先安装了三台中央空调，凉爽的环境使得人们的消费欲望大增。自此，空调成为商家吸引顾客的有力工具。空调为人们生活服务的时代正式来临。

No. 016 神奇的魔力——磁

cí zài wǒ men de shēng huó zhōng suí chù kě jiàn bǐ rú zhǐ nán
磁在我们的生活中随处可见，比如，指南
zhēn yǒng yuǎn zhǐ xiàng nán fāng xī tiě shí kě yǐ xī zhù tiě dīng tiě xiè
针永远指向南方，吸铁石可以吸住铁钉、铁屑
děng zhè xiē xiàn xiàng dōu shì cí chǎn shēng de mó lì zhè xiē jù
等，这些现象都是磁产生的"魔力"。这些具
yǒu cí lì de wù tǐ bèi chēng wéi cí tǐ
有磁力的物体被称为磁体。

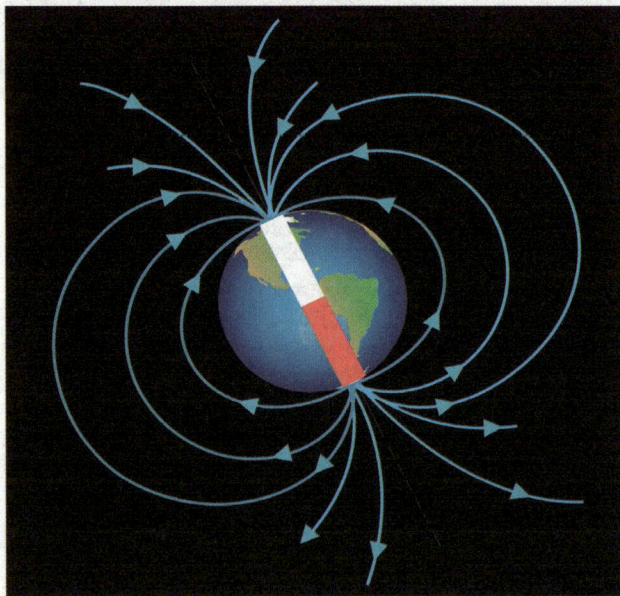

地球的南北磁极

磁极

cí tǐ jù yǒu liǎng zhǒng xìng
磁体具有两种性
zhì bù tóng de jí xìng rén men chēng
质不同的极性，人们称
zhī wéi nán jí hé běi jí cí tǐ
之为南极和北极。磁体
yě yǒu liǎng gè yǒu qù de tè xìng
也有两个有趣的特性：
yī shì xiāng tóng cí jí hù xiāng pái
一是相同磁极互相排
chì xiāng yì cí jí hù xiāng xī
斥，相异磁极互相吸
yǐn èr shì yī gè cí tǐ wú lùn
引；二是一个磁体无论
yǒu duō me xiǎo zǒng shì tóng shí jù
有多么小，总是同时具
yǒu liǎng gè cí jí
有两个磁极。

磁石

cí shí shì yī zhǒng jù yǒu cí xìng de kuàng wù zhì tā de zhǔ yào chéng fèn shì sì yǎng huà sān tiě
磁石是一种具有磁性的矿物质，它的主要成分是四氧化三铁。
yī bān zhuàng kuàng xià qí cí xìng kě yǐ cháng qī bǎo chí dàn dǎ jǐ hé jiā rè huì shǐ cí xìng xiāo
一般状况下，其磁性可以长期保持，但打击和加热会使磁性消
shī xiàn dài kē xué rèn wéi cí shí de xìng zhì lái yuán yú tā de fēn zǐ nèi diàn zǐ de yùn dòng
失。现代科学认为磁石的性质来源于它的分子内电子的运动。

磁场

磁场是自然界中的基本场之一，磁体总是被磁场所包围，任何处于磁场中的磁体都会受到力的作用。物体的磁性越强，磁感应强度就越大。一般来说，磁极附近的磁场最强。

知识小笔记

指南针是用来判别方位的一种简单仪器，常用于航海、大地测量、旅行等方面。它的前身是中国古代四大发明之一的司南，磁针是其主要组成部分。

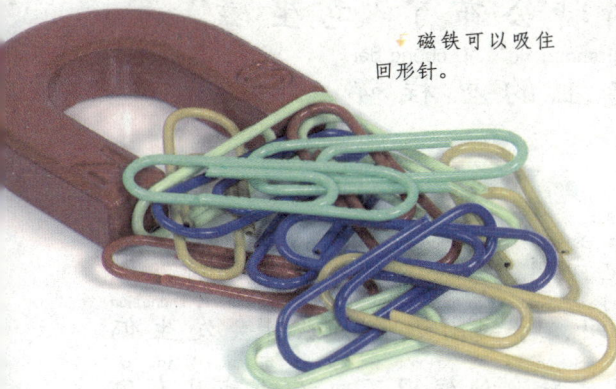

↑ 磁铁可以吸住回形针。

磁铁的应用

古人发现磁石除了铁，不能吸附别的东西。这个原理给垃圾的回收带来了便利，在脏乱不堪的垃圾中要找到可回收利用的金属很难，但是用磁铁在垃圾上一吸，便可以轻松找到铁。

磁感应强度

磁感应强度是描述磁场强弱和方向的基本物理量，磁感应强度大表示磁感强。在国际单位制中，人们将它的单位命名为特斯拉。

↓ 司南

No. 017 相互转化——电和磁

diàn hé cí shì yī duì xíng yǐng bù lí de hǎo péng you 19 shì
电和磁是一对形影不离的好朋友。19世

jì dān mài wù lǐ xué jiā ào sī tè gōng bù le diàn shēng cí de
纪，丹麦物理学家奥斯特公布了"电生磁"的

fā xiàn diàn dìng le diàn cí xué shǐ shang de lǐ chéng bēi
发现，奠定了电磁学史上的里程碑。

知识小笔记

楞次是19世纪俄国物理学家，他在物理学上的主要成就是发现了电磁感应的楞次定律和电热效应的焦耳–楞次定律。

电生磁

zài 19 shì jì chū qī dān mài wù lǐ xué jiā ào sī tè fā xiàn
在19世纪初期，丹麦物理学家奥斯特发现

zài tōng diàn de yī shùn jiān dǎo xiàn fù jìn de xiǎo cí zhēn huì fā shēng piān
在通电的一瞬间，导线附近的小磁针会发生偏

zhuǎn jīng guò chóng fù shí yàn tā fā xiàn le diàn liú dí què jù yǒu cí
转。经过重复实验，他发现了电流的确具有磁

xiào yìng tā de fā xiàn zhèn dòng le zhěng gè wù lǐ xué jiè zhè shì rén
效应，他的发现震动了整个物理学界。这是人

lèi xún zhǎo diàn yǔ cí guān xì de dì yī cì chénggōng
类寻找电与磁关系的第一次成功。

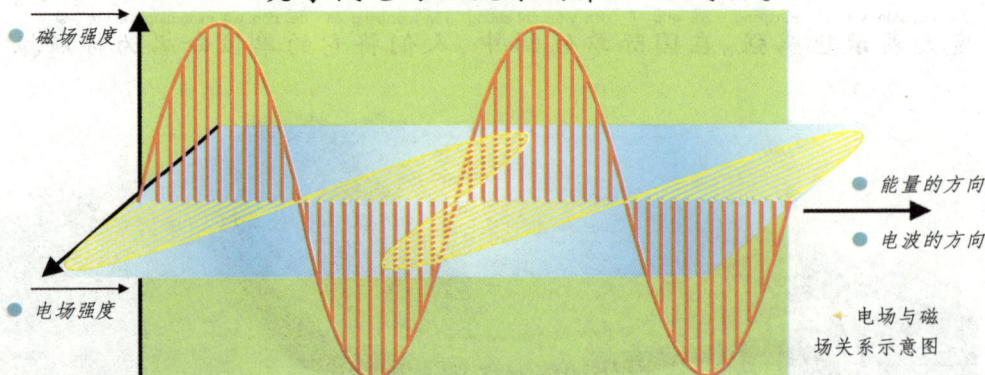

- 磁场强度
- 能量的方向
- 电波的方向
- 电场强度

电场与磁场关系示意图

磁生电

ào sī tè fā xiàn diàn néng shēng cí hòu xǔ duō rén kāi shǐ xún zhǎo cí shēng diàn de fāng shì qí
奥斯特发现电能生磁后，许多人开始寻找磁生电的方式，其

zhōng yǐ yīng guó kē xué jiā fǎ lā dì de chéng jiù zuì wéi xiǎn zhù fǎ lā dì huā le 11 nián shí jiān
中以英国科学家法拉第的成就最为显著。法拉第花了11年时间，

zhōng yú zài 1841 nián de shí hou fā xiàn le cí shēng diàn de fāng fǎ bìng yīn cǐ ér chéngmíng
终于在1841年的时候发现了磁生电的方法，并因此而成名。

No. 018 无形的波——电磁波

电磁波，就是电磁辐射，你看不见它，但是它无处不在。手机、电脑、电风扇、微波炉等都会放出电磁波。

电磁波

电磁波是电磁场的一种运动形态。根据经典电磁理论，变化的电场产生变化的磁场，变化的磁场又产生变化的电场，就这样不断地传播出去，就像波一样，被称为电磁波。

麦克斯韦的预言

英国科学家麦克斯韦在总结前人研究电磁现象的基础上，建立了完整的电磁理论。从这个理论出发，麦克斯韦预言存在电磁波，并计算出了电磁波的一些特性。

> **知识小笔记**
>
> 1930年，人们掌握了短波通信技术，这个技术的重要性不亚于网络对电脑的重要性。

➤ 不同频率通信电波的传播方式

No. 019 电能的转化——发电机与电动机

发电机和电动机在今天已不可缺少。发电机是根据磁场周围产生的电场制成的，而电动机则是把电能转化为机械能的一种机械。

胡佛水坝的发电机

发电机原理

发电机是把铜导线绕在铁棍上，由于铁棍旋转，线圈在相对强大的磁场中运动，因而切割磁力线，产生感应电动势，使电子在电路中运动。

左手定则

左手定则是判断电动机旋转方向的一种方法。将左手伸展，使大拇指与其余四指垂直，并且跟手掌在同一个平面内。把左手放入磁场内，使手心对准N极，手背对准S极，四指指向电流方向，而大拇指的方向就是导体受力方向，即线圈移动的方向。

电动机原理

电动机是生活中不可缺少的机械装置，我们在很多地方都可以看到电动机的身影。电动机内有两个可以产生相反磁场的线圈，当通电的时候，在磁场排斥力的作用下，电动机开始转动，向外输出能量。这就是电动机的工作原理。

▲ 应急电动机

知识小笔记

德国发明家西门子于 1881 年建立了第一个电力公共交通系统，使有轨电车开始在柏林的街道上营运。

帕森斯蒸汽涡轮

传统的蒸汽机效率低，无法快速运转达到大量发电的目的。1884 年，爱尔兰工程师帕森斯爵士获得蒸汽涡轮的专利权。蒸汽涡轮用 200 摄氏度的高压蒸汽来驱动发电机，每分钟转动 4800 次，运转相当平稳，每秒产生 10 万焦的电能，相当于 100 千瓦。至今，大部分的发电机仍然在利用蒸汽涡轮来驱动。

▲ 蒸汽涡轮

No. 020 电器运转——电的产生

很难想象，如果没有电，我们的生活会是什么样子。今天，电已经成为我们生活中不可缺少的能源，那么电是如何产生的呢？

■ 电压

电压是一项重要的物理量，是衡量单位电荷在静电场中由于电势不同所产生的能量差的物理量。电流会从电压高的地方流向电压低的地方。电压的单位是伏特，简称伏，以纪念伟大的科学家伏特。

■ 静电起电机

人类拥有的最早的发电机是静电起电机，这种仪器通过机械力量转动，以摩擦的方式获得额外的电荷。可以想象它只能提供极小的电流，不要说家庭利用，就连一个小型灯泡它都无法使其持续点亮。

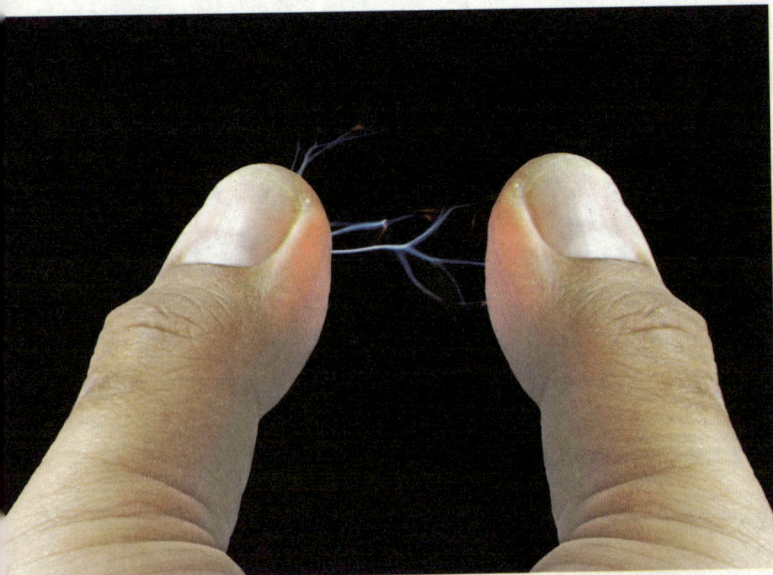

摩擦可以产生静电。

水力发电站

水力发电

shuǐ lì fā diàn shì duì huán jìng gǎi biàn jiào xiǎo de fā diàn fāng shì　yìng yòng yě zuì guǎng　wéi yī

水力发电是对环境改变较小的发电方式，应用也最广，唯一

de quē diǎn jiù shì diàn zhàn yào jiàn lì zài hé shuǐ luò chā jiào dà de hé liú shang　jiàn shè nán dù bǐ jiào

的缺点就是电站要建立在河水落差较大的河流上，建设难度比较

dà　bù guò shuǐ diàn zhàn shǐ yòng de shì shuǐ néng　bù xū yào xiāo hào qí tā néng yuán

大。不过水电站使用的是水能，不需要消耗其他能源。

火力发电对空气污染严重。

火力发电

huǒ lì fā diàn shì mù qián cǎi
火力发电是目前采
yòng zuì duō de fā diàn fāng shì　zài
用最多的发电方式，在
huǒ diàn zhàn li　xiān jiāng shuǐ shāo
火电站里，先将水烧
chéng zhēng qì　rán hòu yī kào zhēng
成蒸汽，然后依靠蒸
qì tuī dòng fā diàn jī fā diàn　huǒ
汽推动发电机发电。火
lì fā diàn huì xiāo hào dà liàng de méi
力发电会消耗大量的煤
tàn　huì duì kōng qì zào chéng wū rǎn
炭，会对空气造成污染。

知识小笔记

特斯拉是美国发明家，他发明了旋转磁场的大型发电机。磁感强度的单位为"特斯拉"，简称"特"。

No. 021 电的高速公路——电力传输

diàn lì chuán shū jiù shì jiāng yóu diàn chǎng zhì zào chū lái de diàn lì
电力传输就是将由电厂制造出来的电力
jīng guò chuán sòng hé biàn yā   fā sòng dào qiān jiā wàn hù   gōng rén men
经过传送和变压，发送到千家万户，供人们
shǐ yòng
使用。

■ 零线、火线

zhàomíng diàn lù li de liǎng gēn diàn xiàn   yī gēn jiào huǒ xiàn   lìng yī gēn jiào líng xiàn   huǒ xiàn
照明电路里的两根电线，一根叫火线，另一根叫零线。火线
hé líng xiàn de qū bié zài yú tā men duì dì de diàn yā bù tóng   huǒ xiàn de duì dì diàn yā děng yú 220
和零线的区别在于它们对地的电压不同：火线的对地电压等于220
fú   líng xiàn de duì dì diàn yā děng yú líng
伏，零线的对地电压等于零。

■ 高压供电

zài shū diàn shí   diàn xiàn yě huì xiāo hào yī xiē diàn néng
在输电时，电线也会消耗一些电能
de diàn néng jiù huì fēi cháng duō   ér qiě duì diàn xiàn yě yǒu hài
的电能就会非常多，而且对电线也有害，
rú guǒ diàn xiàn hěn cháng de huà   xiāo hào
如果电线很长的话，消耗
yīn cǐ rén men yòng tè bié gāo de diàn yā
因此人们用特别高的电压
lái shū sòng diàn   yǐ jiǎn shǎo diàn néng
来输送电，以减少电能
sǔn shī   xiàn zài cháng yòng de gāo yā
损失。现在常用的高压
yǒu 110 qiān fú hé 220 qiān fú
有110千伏和220千伏，
yǒu de dì fang shèn zhì yòng gāo dá shàng
有的地方甚至用高达上
bǎi wàn fú de diàn yā shū sòng diàn néng
百万伏的电压输送电能。

▶ 高压变电站的变压器

知识小笔记

用电缆塔来悬吊电缆是通常在乡间架设输电线路最廉价的方法。在城市里，电缆通常埋设在地下。

No. 022 照亮千家——人造光源

光源，就是自身能够发光的物体。光源分为自然光源和人造光源。火把、油灯、蜡烛、电灯等都是人造光源。

蜡烛

蜡烛最早起源于原始时代的火把。原始人把脂肪或者蜡一类的东西涂在树皮或木片上，捆扎在一起，做成了照明用的火把。1820年，法国人强巴歇列发明了由三根棉线编成的烛芯，使烛芯可以完全燃烧，避免了经常剪烛芯的麻烦。

在白炽灯没有发明之前，蜡烛是奢侈品。

白炽灯

知识小笔记

英国人约瑟夫·威尔森·斯旺于1878年以真空下用碳丝通电的灯泡得到英国的专利，并开始在英国建立公司，在各家庭安装电灯。

白炽灯

1880年，爱迪生把碳化后的竹丝装进玻璃泡，通上电后，这种竹丝灯泡竟连续不断地亮了1200个小时！1906年，爱迪生又改用钨丝来做灯丝，使灯泡的质量又得到了提高。这种灯泡一直沿用到了今天。

No.023 来去自如——无线电

如今，千里之外的声音在瞬间就能完成传递。无线电缩短了人与人之间的距离，使庞大的世界变成了"地球村"。无线电是一种电磁波，它是通过变化的电场和磁场产生的。

■ 频率

无线电发射机每秒发出无线电波数千次，甚至数百万次。每秒发出电波的次数叫频率。频率在收音机的调节刻度上以千赫（每秒发出无线电波 1000 次）或兆赫（每秒发出无线电波 100 万次）标明。不同的频道用不同的频率，所以需要调节接收机来选择频道。

收音机

■ 无线电的传送

广播节目的发送是在广播电台进行的。广播节目的声波经过电声器件转换成声频电信号，并由声频放大器放大。这个经放大的信号被振荡器产生高频等幅振荡信号调制。包含声频电信号的高频振荡信号经放大后送入发射天线，转换成无线电波辐射出去。

调频波

使载波频率按照调制信号改变的调制方式叫调频。频率变化的大小由调制信号的大小决定，变化的周期由调制信号的频率决定。调频波用英文字母FM表示。

调幅波

使载波振幅按照调制信号改变的调制方式叫调幅。经过调幅的电波叫调幅波，它保持着高频载波的频率特性。调幅波的振幅大小由调制信号的强度决定。调幅波用英文字母AM表示。

通过无线电的传输，电视可以显示影像和声音。

知识小笔记

利用无线电波来进行实际通信的第一人是意大利工程师马可尼。

无线电的应用

除了声音广播外，很多其他种类的通信也要用到无线电波。警察、消防员、出租汽车司机和救护车驾驶员用双向无线电跟总部联络或互相联络。移动电话通过无线电跟主电话网络联系。电视广播用无线电波传送影像和声音等。

网络也是采用电磁波来传输信号的。

No. 024 方便快捷——**电子通讯**

电子通讯让世界的距离通过电波缩小到一根电话线上。有了它，你可以和千里之外的朋友打电话聊天，或者通过传真机发送信息。

■ 电话

电话是用电流作为信号载体、双向传输声音的设备。说话一方通过话筒把声音信号变为电信号传播出去，另一方接听者的电话将这个电信号转变为声音信号，这样双方就可以进行交流了。

↑ 电话

■ 传真机

传真机通过光学扫描系统，将发送文稿的有光区和无光区变换成数字信号，然后再转变为音频信号，由发射端发送给另一个传真机。现代传真机能自动拨号、自动收发文件、自动应答等。

↑ 传真机

电话的发明

1876 年，美国科学家贝尔把金属片连接在电磁开关上，却发现在这种状态下，声音可以控制电流的通行。这个发现让贝尔发明了电话，并于当年2月14日在美国专利局申请了专利。

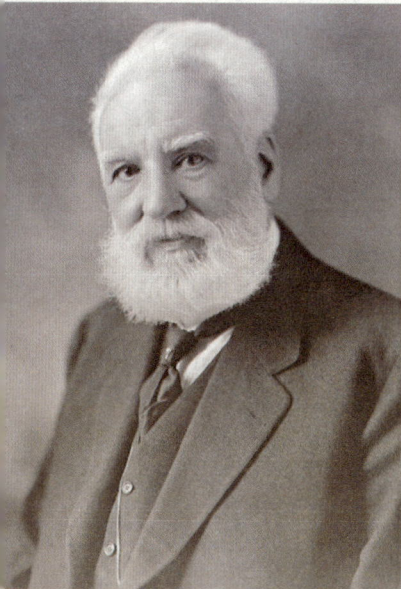

↑ 贝尔

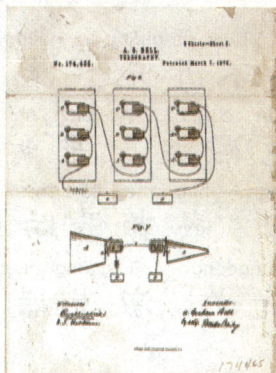

↑ 贝尔电话手绘图

知识小笔记

美国著名的发明家亚历山大·格雷厄姆·贝尔发明了世界上第一台可用的电话机，创建了贝尔电话公司，被誉为"电话之父"。

可视电话

人们为了看到说话人的表情，达到真正的近似面对面交谈，发明了可视电话。而今天，绝大多数人则通过网络视频代替了昂贵的可视电话。

→ 移动电话的发明给人们带来了极大的方便。

移动电话

移动电话是一种无线电话。在世界的任何一个地方，只要在其通讯网络内，就能进行通话。移动电话以其方便、迅捷而受到了人们的普遍青睐，目前普及率已经达到了很高的水平。

No. 025 自然奇景——光

rén lèi de shēng huó lí bu kāi guāng   guāng shì rén lèi de yǎn jing
人类的生活离不开光。光是人类的眼睛
kě yǐ kàn jiàn de yī zhǒng diàn cí bō   píng shí   wǒ men kàn dào de
可以看见的一种电磁波。平时，我们看到的
guāng shì lái zì yú tài yáng   huò zhě jiè zhù yú chǎn shēng guāng de shè
光，是来自于太阳，或者借助于产生光的设
bèi rú bái chì dēng yíng guāng dēng   jī guāng qì děng
备，如白炽灯、荧光灯、激光器等。

知识小笔记

现代量子论认为，光在有些方面表现得像波，而在某些方面则像粒子，也就是说，光的性质为波粒二象性。

夕阳

光是什么

guāng shì zì rán jiè zhōng de yī zhǒng néng liàng xíng shì   zhèng shì yīn wèi yǒu le guāng de zhào yào   dì
光是自然界中的一种能量形式。正是因为有了光的照耀，地
qiú shang cái yōng yǒu le shì hé shēng wù shēng cún de wēn dù   zhí wù cái néng gòu jìn xíng guāng hé zuò yòng
球上才拥有了适合生物生存的温度，植物才能够进行光合作用，
zhì zào zì shēn xū yào de yǎng liào   bìng zhì zào rén hé dòng wù suǒ xū yào de yǎng qì
制造自身需要的养料，并制造人和动物所需要的氧气。

光源

能发光的物体都被称作光源。当一个物体达到一定温度时,就会产生可见光,它就会成为一个光源。在500摄氏度左右时,物体能放出暗红色的光;到了5000摄氏度,物体就放射出了所有颜色的光。

影子

在一般情况下,光是直线传播的。如果遇到不透明的物体就会被反射,于是当光线照在我们身上时,被我们身体遮住的地方就会出现影子。影子是否清晰,取决于光源。点光源下的影子清晰,而扩散光源下的影子就比较模糊了。

影子

冷光

很多物体只要发光就会产生热。我们被阳光照射时会感到温暖,这是因为太阳发光时放射出了热量。但并非所有光都是热的,那些产生热量极少的光被称作冷光,如萤火虫、电视荧屏等发出的光。

萤光棒发出的光也是冷光。

No. 026 笔直行走——光的传播

光是如何传播的呢？当你走在阳光下时，你会看见自己的影子，这是因为光是沿直线传播的。

◾ 光的衍射

光在传播路径中，遇到不透明或透明的障碍物时，会绕过障碍物，产生偏离直线传播的现象称为光的衍射。光的衍射会在绕过障碍物后通过散射继续在空间发射。

▲ 太阳光的衍射

光的三原色

红色、绿色和蓝色被称为三原色，将这三种原色光混合在一起几乎可以生成所有颜色的光。红光和绿光如果混合会形成黄光，红光和蓝光混合产生品红光，而蓝光和绿光混合会产生青光。如果把这三种光混合在一起就可以产生我们看到的白光。

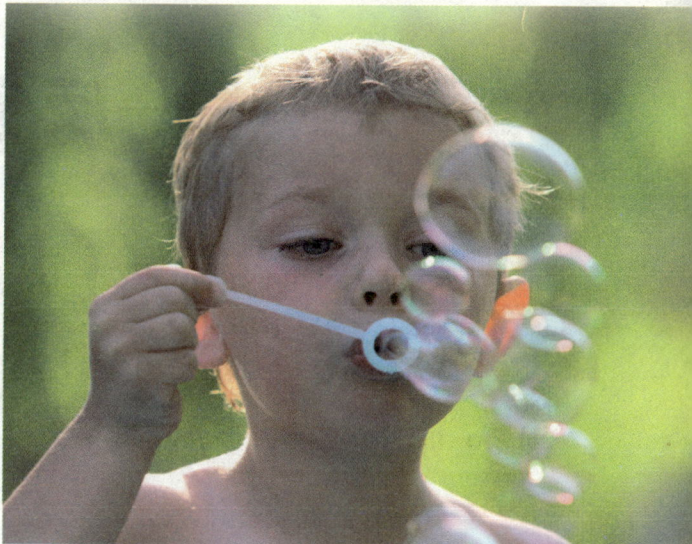

多彩肥皂泡就是由光的干涉造成的。

光的传播速度

光是宇宙中"跑"得最快的物质，1秒可以"跑"30万千米，相当于绕地球赤道7圈。17世纪之前，天文学家和物理学家认为光速是无限大的，宇宙恒星发出的光都是瞬时到达地球的。

知识小笔记

早在300多年前，英国的物理学家牛顿就用三棱镜将日光分为了红、橙、黄、绿、青、靛、紫7种颜色。

气体放电光源

电子在两电极间加速运行时，会与气体原子碰撞，被撞的气体原子受激，把吸收的电子动能又以辐射发光形式释放出来。不同气体受激发光的频率不同，由此人们制成了各种颜色的霓虹灯。

夜晚城市中五颜六色的霓虹灯

No. 027 光的神奇——反射与折射

zài rì chángshēng huó zhōng　　wǒ men chángcháng huì yòng dào jìng zi huò
在日常生活中，我们常常会用到镜子或

zhě tòu jìng　　zǐ xì guān chá tā men　　nǐ yī dìng huì duì guāng de fǎn
者透镜。仔细观察它们，你一定会对光的反

shè hé zhé shè yǒu chū bù de rèn shi
射和折射有初步的认识。

■ 光的折射

dāng guāng zài zhào shè dào mǒu yī xiē wù tǐ de shí hou　　guāng de chuán bō lù xiàn huì fā shēng biàn
当光在照射到某一些物体的时候，光的传播路线会发生变

huà　　zhè jiù shì zhé shè xiàn xiàng　　bǐ rú yī gēn chā rù shuǐ zhōng de qiān bǐ kàn qǐ lái wān qū le
化，这就是折射现象，比如一根插入水中的铅笔看起来弯曲了，

jiù shì guāng de zhé shè zào chéng de　　tòu jìng suī rán yǔn xǔ guāng xiàn tōng guò　　dàn què huì gǎi biàn guāng xiàn
就是光的折射造成的。透镜虽然允许光线通过，但却会改变光线

de chuán bō lù xiàn　　zhè zhǒng gǎi biàn hé tòu jìng běn shēn de xíng zhuàng yǒu zhe mì qiè de guān xi
的传播路线，这种改变和透镜本身的形状有着密切的关系。

↟ 平面反射镜

↟ 哈哈镜

知识小笔记

哈哈镜实际上就是凹面镜和凸面镜的组合，凹面镜会把镜像缩小，凸面镜会把镜像放大，从而达到失真的效果。

■ 光的反射

guāng zài yù dào wú fǎ chuān guò de zhàng ài wù shí
光在遇到无法穿过的障碍物时，

jiù huì bèi fǎn shè huí lái　　rú guǒ zhàng ài wù biǎo miàn bǐ
就会被反射回来，如果障碍物表面比

jiào píng zhěng　　fǎn shè jiù bǐ jiào yǒu guī lù　　zhè zhǒng fǎn
较平整，反射就比较有规律。这种反

shè kě yǐ yòng jǐ hé zhī shi miáo shù　　yīn cǐ guāng de fǎn
射可以用几何知识描述，因此光的反

shè shǔ yú jǐ hé guāng xué
射属于几何光学。

No.028 神奇光线——激光

激光是一种神奇的光线。今天，它的应用非常广泛，它不仅可以切割金属，还可以进行美容或透过皮肤切除肿瘤……

什么是激光

激光是一种人造光。一些物质的分子或原子，因饱含能量而处于被激发状态时，若有频率合适的光子A从旁经过，就会发出光子B，光子B的频率和传播方向与A一致，若光子反复经过受激发的物质，就会产生大量同方向的光子，形成极强的光子流，这种光子流就是激光。

▶ 带有激光的武器

激光武器

激光武器是一种发射激光束直接毁伤敌方目标或使之失效的武器。根据作战用途的不同，激光武器可分为战术激光武器和战略激光武器两大类。

知识小笔记

随着科学技术的发展，人们今天已经可以通过激光来进行美容。激光除皱就是一个例子，如今这一技术已经相当成熟。

No. 029 看不见的光——紫外线与红外线

guāng bō àn bō cháng de chángduǎn yī cì kě fēn wéi hóng wài xiàn
光波按波长的长短,依次可分为红外线、

kě jiàn guāng hé zǐ wài xiàn suī rán wǒ men kàn bu jiàn hóng wài xiàn hé
可见光和紫外线。虽然我们看不见红外线和

zǐ wài xiàn dàn tā men yě kě yǐ chuán shū xìn xī
紫外线,但它们也可以传输信息。

■ 紫外线

zǐ wài xiàn shì diàn cí bō pǔ zhōng bō chángcóng 0.01 zhì 0.40
紫外线是电磁波谱中波长从0.01至0.40

wēi mǐ fú shè de zǒngchēng zǐ wài xiàn de bō cháng yuè duǎn duì rén
微米辐射的总称。紫外线的波长越短,对人

lèi pí fū de wēi hài yuè dà zǐ wài xiàn fēn wéi jìn zǐ wài xiàn
类皮肤的危害越大。紫外线分为近紫外线

UVA yuǎn zǐ wài xiàn UVB hé chāoduǎn zǐ wài xiàn UVC
(UVA)、远紫外线(UVB)和超短紫外线(UVC)。

知识小笔记

1800年,德国科学家赫胥尔发现了红外线。

用紫外灯可以对车间进行消毒。

■ 紫外线的应用

zǐ wài xiàn de shā jūn zuò yòng
紫外线的杀菌作用

yuán lǐ yǔ qí duì hé suān dàn bái
原理与其对核酸、蛋白

zhì jí méi de zuò yòng yǒu guān duǎn
质及酶的作用有关,短

bō zǐ wài xiànnéng pò huài xì bāo huò
波紫外线能破坏细胞或

bìng dú de hé suān jié gòu hé gōng
病毒的核酸结构和功

néng shì dàng de yòng zǐ wài xiàn
能。适当地用紫外线

zhào shè rén tǐ hái kě yǐ jiāng dǎn gù
照射人体还可以将胆固

chúnzhuǎnhuàn wéi wéi shēng sù yù
醇转换为维生素,预

fáng gōu lóu bìngděng jí bìng
防佝偻病等疾病。

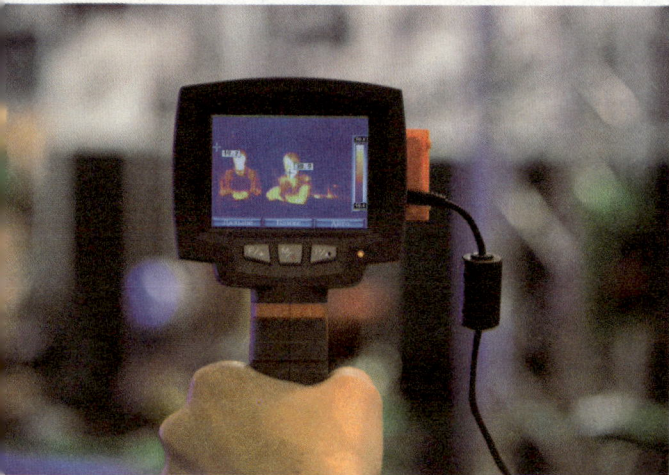

通过红外热像仪检测热损失。

红外线

我们把光谱中看得见的那部分波称为"光"（可见光），而人眼看不到的波则称为"线"。在光谱中波长自 0.76 至 400 微米的一段就是红外线。由于它是太阳光中热效应最强的，所以在物理学上也将它叫作热线。

红外线的应用

航空摄影时可以利用红外线发现树林病害、森林、地脉和矿藏；医学上它可以用于人体组织的穿透；科研及工程摄影可以将其用于鉴别印色，穿透织物；普通红外线摄影可以利用其发散性产生虚幻的图画效果等。

红外线摄影效果前后对比

No. 030 保存记忆——照相机

照相机自19世纪问世以来，已经走过了将近200年的历史。数码相机的出现使照相机产业也进入了数字化的新纪元。

照相机

照相机工作时，镜头把被拍摄的景物成像在胶片位置上，然后通过控制快门的开闭，胶片被曝光而形成潜影，这样，就完成了一次拍照。现在，照相机已普及到每个家庭，人人都可以用相机拍自己喜欢的照片，来实现自己对美好生活的向往。

今天照相机已经很普及了。

知识小笔记

1880年，24岁的银行记账员乔治·伊斯曼开设了一家"伊斯曼干版造公司"。1888年，该公司生产出了第一台"柯达"相机。

■ 最古老的照片

1822年,法国的尼普斯在感光材料上制出了世界上第一张照片。这张成像不太清晰的照片拍摄的是他的谷仓和鸽子窝,用了8小时的时间去曝光,以至于图片中的阴暗部分表现得不是十分清楚。它是世界上现存的最古老的一张照片。

■ 胶卷

要把形成的像记录下来需要依靠胶卷的帮助。胶卷装在照相机中,是表面涂有特殊药剂的塑料胶片,药剂在遇到光时会发生化学反应。照相时,调节焦距,使焦点正好落在胶卷上。在胶卷形成的像里,光强的地方反应强,光弱的地方反应弱,没光的地方不反应,这样就把图像保留了下来。

▲ 胶卷

■ 数码相机

数码相机里有一种被称为电子影像感受器的东西,它能直接把物体反射的光线转化为数码信号,最终存储起来,所以它没有普通相机使用的胶卷。

▲ 单镜头反光照相机

No. 031 放大世界——显微镜

17世纪，荷兰人列文虎克发明了显微镜。显微镜的发明，使我们第一次看到了更加微观的世界。

列文虎克

列文虎克是荷兰著名的发明家。16岁时，贫穷的生活迫使他离开学校去一家杂货铺做学徒。列文虎克喜欢把闲暇的时间花在他最感兴趣的两件事——读书和磨制镜片上。这使得他在很早的时候就学会了琢磨玻璃、制造透镜的技术。正是他研制成的这台简单的显微镜，使人类第一次看到了神奇的微观生物世界。

▲ 列文虎克

光学显微镜

通过技术的不断改进，人们得到了观测效果更为理想的光学显微镜。光学显微镜一般由载物台、聚光照明系统、物镜、目镜和调焦机构组成。它利用光学成像原理，通过物镜、目镜等光学透镜把观察对象放大成像。

知识小笔记

20 世纪 30 年代，第一台电子显微镜在美国研制成功。

光学显微镜

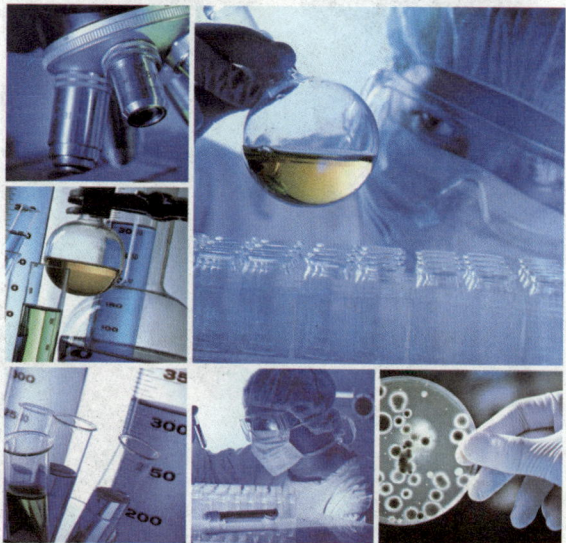

自从有了显微镜，人们看到了许多微小生物和构成生物的基本单元——细胞。

电子显微镜

1931 年，德国物理学家恩斯特·鲁斯卡通过研制电子显微镜，使生物学发生了一场革命。经过研究，他和同伴诺尔终于在 1933 年底制造出一台超级显微镜，放大倍数高达 12000 倍，已经远远超过了光学显微镜的分辨率。

No.032 魅力无限——电影技术

100多年前，当人们第一次看到银屏上出现的活动影像之后，非常震惊……电影技术的诞生为人们的生活带来了新的活力。

爱迪生的贡献

关于电影的诞生，大发明家爱迪生的功劳是不容抹杀的。他的第一个贡献，是在1887年和助手在胶片间发明了凿孔方法，解决了活动照片的放映问题；他的第二个贡献，是在1894年发明了电影视镜。它像一面大柜子，上面装有放大镜和凿孔胶片，这样可以使画面循环播放。

知识小笔记

1923年，美国人弗雷斯把电子管用在有声电影的录音设备上，录音式电影问世。电影进入有声时代。

爱迪生

电影之父

1895年，卢米埃尔兄弟公开售票放映了自己的影片，伟大的电影诞生了。这对兄弟是照相摄像师，他们于1894年研制成了世界上第一架活动电影视镜。第二年，他们又取得了拍摄和放映电影的专利，成为了真正电影的发明人和创始人，并被后人尊称为"电影之父"。

▲ 卢米埃尔兄弟

▼ 电影板岩

第一部电影摄影机

世界上第一部实用电影摄影机是由英国发明家格林奈首先发明的。1888年，他在前人的基础上，改进了摄影机，同时拍摄了伦敦的街景。当试放电影时，格林奈看到人物在布幕上活动起来，不禁兴奋地跑到大街上高呼："成功了！成功了！"

第一部喜剧片

《水浇园丁》是银幕上第一部喜剧片，是根据卢米埃尔的7岁小弟弟的调皮举动拍摄的。电影里追打孩子的镜头，形成了引人发笑的场面。这部短片尽管技术并不高明，光线灰暗，但可以说是最早的带有"悬念"的喜剧片。

▲ 电影卷轴

No. 033 流动的旋律——声音

当我们把耳朵贴在空暖壶口时，就会听到"嗡嗡嗡"的声音，这是共振引起的。自然界和生活中有许多共振现象。

什么是声音

声音是声波通过空气等介质传播形成的运动。对于人类来说，声音就是人们听力所能感觉到的不同频率的波。声音由物体振动产生，然后以波的形式通过某种介质传播到我们的耳朵里。

声音的产生

声音是物体振动产生的，发声的物体叫声源。不仅如此，声音还可以通过振动空气带动其他物体振动来传播。振动着的鼓面不断振动周围的空气，空气分子不断振动并向周围散播。当振动的空气敲击我们的耳膜的时候，我们的耳膜也开始振动，这样我们就可以听到鼓的声音了。

知识小笔记

最轻微的声音和震耳欲聋的声音在振幅上差异很大，声音的测量单位为"分贝"。分贝是以美国电话发明家贝尔的名字命名的。

麦克风可以传递声音。

No. 034 声音的振动——声波

声波的传递过程就像是相邻空气粒子之间的接力赛，这些空气粒子把波动形式向前传递，而它们自己仍旧在原地振荡。

声波是什么

声源体发生振动会引起四周空气振荡，这种振荡方式就是声波。声音是以一种波的形式来传播的。除了空气，水、金属和木头等物质都能传递声波，它们都是声波的良好介质。在真空状态中声波就不能传播了。

扩音

顺风说话，声音会传得更远。如果想把很小的声音扩大，最古老的方法就是用手做成喇叭状，用来约束声音的方向。有了现代的电子设备，扩音可以通过将声音转化为电信号放大而轻松地实现。麦克风和音箱就是这样一套电子扩音设备。

知识小笔记

声呐是利用声波在水中传播和反射的特性来探测水中目标状态的仪器或技术。

如果想扩大声音，可以通过扩音设备。

No. 035 围绕身边——奇妙的声音

在大自然中,有各种奇妙的声音。如果你在一个山谷里大声喊话,随后你的声音就会被复制,继而产生一连串你的声音,这就是奇妙的回声现象。

声音的速度

一般情况下,声音在固体里传得最快,在气体里传得最慢,在液体里的速度居中。

知识小笔记

频率指的是波每秒振动的次数。高音就是指波的频率高、波长短的声波。人类只能听见频率在 20 至 20000 赫兹间的声波。

回声

声波在传播过程中,碰到大的反射面(如建筑物的墙壁等)时将在界面发生反射,人们把能够与原声区分开的反射声波叫作回声。北京的天坛回音壁利用回声原理,使人的讲话声变得比平时大。

✦ 在空旷的山谷,一有比较大的声音就会有回声。

No. O36 丑与美——噪音与音乐

音乐可以让人愉悦，而噪音是一种污染，是没有规律的振动。所以，如果你要听音乐，千万不要把声音开得太大，这样会伤害听力。

美妙的音乐

优美动听的乐曲、舒展流畅的旋律，能使人摆脱烦恼、开阔心胸、消除疲劳。音乐能促进人体分泌有益于健康的激素，能改善血液循环，增强新陈代谢，延缓衰老。

动听的音乐让人愉悦。

噪音

噪音就是令人烦躁的声音或非常强烈的声音。人们长期在噪音环境中生活，听力会受到损害，还会精神紧张；严重的话，还会毙命。因此，人们在生活中应该注意改善自己的环境，避免噪音对身体造成伤害。

噪音会对身体产生伤害。

知识小笔记

通常，物体发出由各种频率和振幅混合而成的声音，叫作复音。其中，频率最低的音称为基音，其他的音称为泛音。

No. 037 造福人类——声音的利用

声音借助各种介质向四面八方传播。人们把不同的声波应用到了生活的各个方面，如用B超检查身体，用次声波来探测声音等。

■ 声控

科学家们已能把声波变成诱发信号，利用声音启动装置，使一些人工操作变成自动行为。日常生活中最常见的应用声控原理的是节能型电灯，人的脚步声会诱发电灯连动装置，使电灯处于打开的状态。

> 如果你对着麦克风唱歌，声音就会以波的方式传送出去，我们就会听到歌声。

■ 话筒

话筒好比一个反向工作的喇叭，话筒内的金属线圈固定在柔韧的圆盘上。声波使膜片和线圈振动。磁场内线圈的振动，使线圈内产生电流，电流的波动起伏与声波一致。这样，我们的声音就会转变为电信号被记录下来。

知识小笔记

留声机是用来放送唱片录音的电动设备。1877年，由美国发明家爱迪生发明。如今，它演化为CD机和MP3播放器。

唱片

声音以螺旋细槽的形式被切进塑料圆盘里,这就成为了一张唱片。播放唱片时,带有特别开头的尖唱针可以插入唱片的细槽中。唱片旋转后,细槽的形状使唱针振动,将振动由两条电磁铁转成电流,并输出到扬声器中,这样人们就能听到美妙的音乐了。

▲ 放在唱片机上的唱片

超声波检查

超声波发射到人体内遇到界面时会发生反射及折射,并且在人体组织中可能被吸收而衰减。因为人体各种组织的形态与结构是不相同的,因此其反射与折射以及吸收超声波的程度也就不同。医生们正是通过仪器所反映出的波形、曲线,来诊断所检查的器官是否有病。

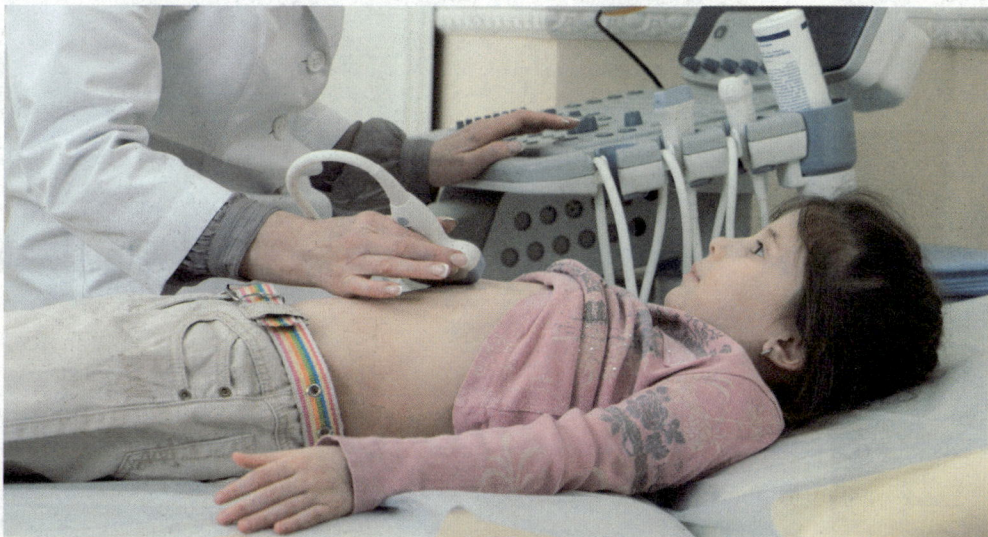

▲ 平时我们说的 B 超就是向人体发射超声波,同时反射波会将所携带人体脏器的信息反映在屏幕上。

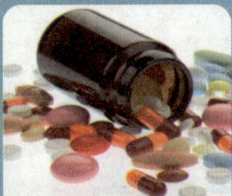

百大科学奥秘

变化之学

BIAN HUA ZHI XUE

fēn zǐ shì gòu chéng wù zhì de yī zhǒng wēi lì fēn
分子是构成物质的一种微粒，分
zǐ shì yóu yuán zǐ gòu chéng de yuán zǐ shì huà xué biàn
子是由原子构成的。原子是化学变
huà zhōng zuì xiǎo de wēi lì
化中最小的微粒。

■ 分子

fēn zǐ yǒu yī dìng de dà xiǎo hé zhì liàng fēn zǐ jiān yǒu yī dìng de jiàn
分子有一定的大小和质量，分子间有一定的间
gé fēn zǐ zài bù tíng de yùn dòng fēn zǐ jiān yǒu yī dìng de zuò yòng lì
隔，分子在不停地运动，分子间有一定的作用力。
tóngzhǒng fēn zǐ xìng zhì xiāngtóng bù tóngzhǒng fēn zǐ xìng zhì bù tóng
同种分子性质相同，不同种分子性质不同。

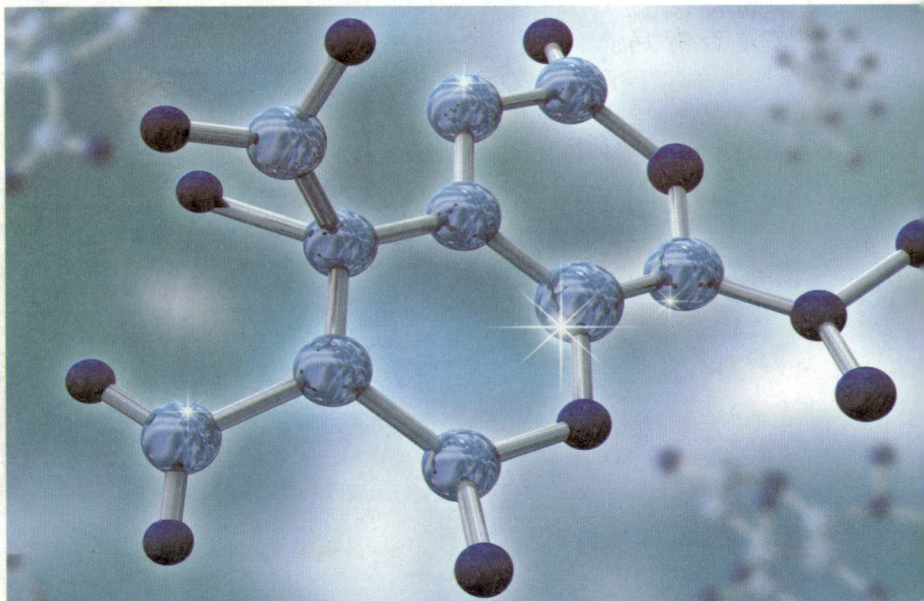

分子模型

原子

原子是化学变化中的最小微粒。原子的概念是基于物质的粒子性这一人类直观的感觉而建立的。但在物质波动性上也可以找到它的影子。

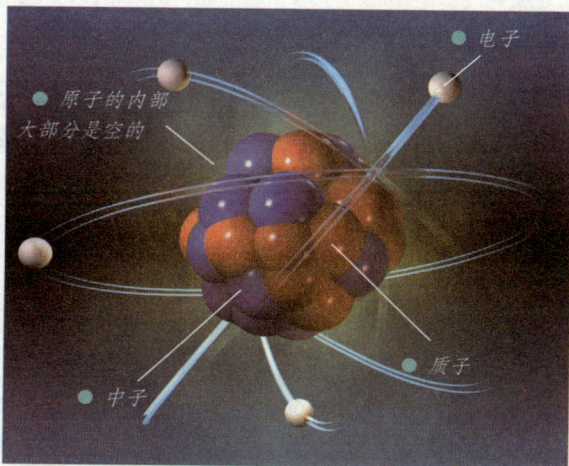

电子

原子的内部大部分是空的

中子

质子

▷ 原子模型结构图

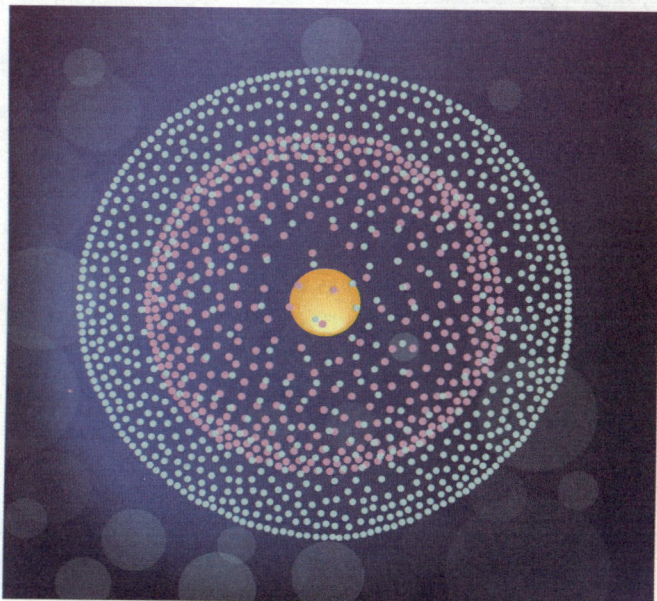

↑ 原子核及外层环绕着的不同状态下的电子

电子云

电子在原子核外空间的区域内出现，没有确定的方向和轨迹，只能用电子云描述它在原子核外空间某处出现机会（概率）的大小。离原子核越近，电子出现的概率越大；离核越远，电子出现的概率越小。

核的内部

原子核内有质子和中子，而这些质子和中子又是由更小的称为夸克的粒子组成的。夸克被另外一些粒子，确切地说，它们是被胶子联结在一起的。

知识小笔记

1801年英国的化学家道尔顿根据实验证明了每个化学元素都是由原子组成的，元素之间各不相同，只是由于构成它们的原子各不相同。

No.039 化学本质——元素

现在我们知道，元素并不是组成世界的最基本物质。在近代化学中，元素特指自然界中100多种基本的金属和非金属物质，碳、氢和氧是常见的元素。

元素的诞生

在 137 亿年前的"大爆炸"中，我们的宇宙诞生了，最简单的元素氢成为大爆炸以后诞生的第一种元素。氢之后就是氦了，构成地球的一切元素都在大星球的核中诞生。当星球爆炸的时候，元素会随着爆炸散射在太空里。

↑宇宙诞生大爆炸示意图

古代的元素

公元前 4 世纪，亚里士多德等哲学家认为各种形式的物质仅由四种按不同比例排列起来的"元素"组成。它们是火、空气、水和土。但在古代中国，人们认为世间物质都是由五种相生相克的"元素"，即金、木、水、火、土组成的。

知识小笔记

18世纪，拉瓦锡针对当时化学物质命名的混乱状况，创立了化学物质分类新体系。

元素新认识

17世纪，化学有了大发展，科学地认识元素成为可能。在1669年，德国人勃兰德发现磷。18世纪法国科学家拉瓦锡明确了元素的化学定义，他认为能保持物质化学性质的基本物质就是元素，所有物质都是由化学元素组成的。

↑ 分子的化学结构示意图

元素和炼金术

其实在很久以前，世界各地的炼金术就开始发展起来，炼金术士总是希望通过将普通的物质进行提炼后能转化为另一种物质。他们除了希望将普通的金属转变为贵重的黄金外，还尝试着寻找长生不老的丹药。他们虽然认识到了元素，但是却没有搞明白化学是什么。

↑ 炼金术是中世纪的一种化学哲学的思想和始祖，是化学的雏形。

No. 040 伟大发现——元素周期表

19世纪60年代末，俄国伟大的化学家门捷列夫发表了世界上第一份元素周期表，从而使所有元素能够科学地排列。

族与周期

周期表上将已知的 109 种元素以横行排列称为周期。竖行称为族，同一族的元素在最外层上的电子数都是相同的，所以同族元素也具有相似的化学性质。

知识小笔记

镭是一种放射性元素，具有很强的放射性，并能不断放出大量的热。镭是居里夫妇于1898年提炼出来的，它的拉丁文意思是"放射"。

元素周期表

注：相对原子质量录自2001年国际原子量表，并全部取4位有效数字。

元素周期表

No. 041 不可或缺—— 非金属元素

目前，已发现的非金属元素有22种。这些元素与金属、稀有气体共同构成了元素周期表。

维持生命的碳

碳元素是一切生物生存的根本。碳可以和其他元素组成成千上万种化合物。钻石就是经过磨制的金刚石，是由碳元素构成的。

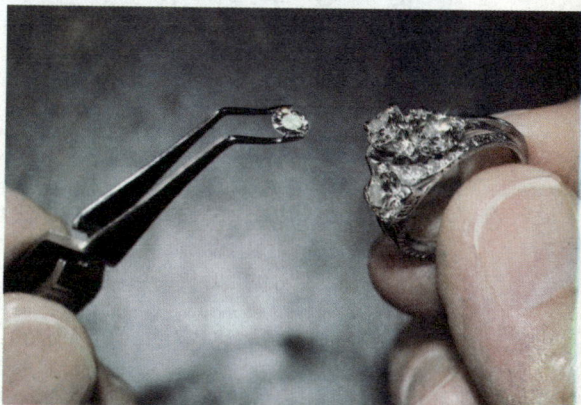

▶ 钻石由碳元素构成。

▼ 浓硫酸

硫酸

硫酸是一种密度大、无色、油状的强腐蚀性液体，是最重要的化学产品之一。浓硫酸可用来保持环境干燥。在高温下硫酸易与很多金属发生反应。硫酸的用途很广泛，可用于制造化肥、燃料、油漆、塑料、洗涤剂和药品等。

知识小笔记

白磷在空气中可自燃，故需水封保存，在军事上可做发烟剂、燃烧弹和手榴弹等。

No. 042 生命动力——空气

如果没有食物，地球上的生物可以存活一段时间，但是如果没有空气，却只能存活几分钟。空气对于地球上的生物来说，非常重要，必不可少。

■ 空气的组成

空气的成分中，含量最多的是占空气78%的氮气，之后依次是占空气21%的氧气、占空气0.94%的稀有气体、占空气0.03%的二氧化碳，剩下的就是其他气体，例如惰性气体等。

二氧化碳
其他气体　　　　稀有气体
氮气　　氧气

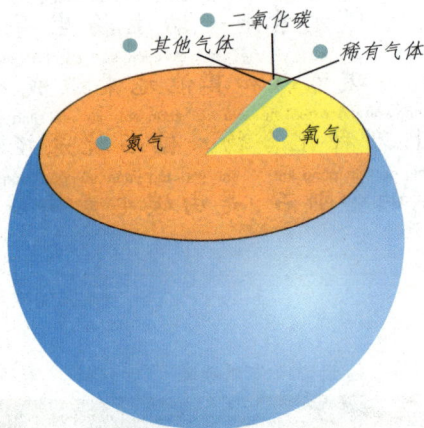

↑ 空气组成示意图

↑ 大气压随地势的升高而降低，山顶比山下的大气压要低。

■ 空气压力

空气的压力最早是由伽利略的学生托里拆利和维瓦尼在1644年测定的。他们测出空气的压力应相当于76厘米汞柱的高度。换算一下，即每平方厘米上的空气压力为10.1牛顿。

空气湿度

空气中含有水蒸气的数量叫作湿度。当气温下降时，有些水蒸气就变成了小水珠，被称为露水。云、薄雾、浓雾都是由在冷空气中形成和飘荡着的小水珠组成的。

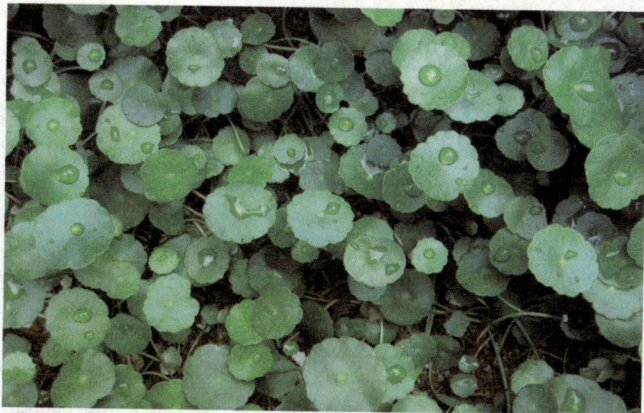

↑ 早晨，不同地方的空气湿度有差异，灌木丛中的空气湿度最大，裸地的空气湿度最小。

知识小笔记

1755年，苏格兰医生布莱克发现了空气中的二氧化碳。

大气保卫战

臭氧层空洞、酸雨和温室效应是当今人们最关注的环境问题，它们都与大气污染有直接关系。人类保卫大气、保护环境的战斗已经开始。

空气的用途

清洁的空气可以提高人们的工作效率。很多含有二氧化碳气体的饮料可以带走身体的热量；吸尘器、滚筒式洗衣机等家用电器都要利用空气的特性。在工业中，空气可以为物体保温或者降温，可以分离有害烟尘，还可以助燃。

↑ 工厂排出的大量废气如二氧化硫，和空气中的水混合后，就变成了酸雨。酸雨不但腐蚀建筑物，伤害树木，还会杀死河里的生物。

No. 043 重要的元素——氮、氧和氢

氮气是空气中含量最多的成分，其次是氧气，而氢气则是最轻的气体。对于这几种化学元素的认识和研究非常重要。

重要的生命元素

氮元素对生命极为重要，空气的 78% 由氮气构成。氮气是一种无色、无味、无臭的气体。氮是构成细胞中蛋白质的一种元素。

知识小笔记

1766年，英国化学家卡文迪许最先把氢气收集起来。

氧

氧是地球上含量最多的元素，它是一种无色、无味的气体。氧气在空气中与其他气体混合在一起。没有氧气，人类就无法生存。

◀ 氮气、氧气和氢气是空气中不可缺少的成分。

氢的用途

化学工业中经常用氢与氮反应合成氨。氨是制造化肥、炸药、燃料和塑料的原料。氢还是火箭和焊接的理想燃料。

No. 044 少而不凡——稀有气体

稀有气体元素指氦、氖、氩、氪、氙、氡等6种元素，它们在空气中含量很少，被称作"稀有气体"，科学家们称它们为"惰性气体"。

稀有气体

稀有气体约占空气的0.94%，其中氩占空气中稀有气体总量的99.7%以上。氦在有些天然气中高达7%。氡为放射性元素，其所有天然同位素都具有放射性。氩、氪、氙还可与水、氢形成笼状化合物。除氦外，其他几种气体都可由液态空气分馏制取。

知识小笔记

英国化学家威廉·拉姆齐最早发现了氦，接着又发现了氖、氪和氙，并于1904年制备了后三种气体，而获得诺贝尔化学奖。

应用广泛

将稀有气体充入灯泡或玻璃管内可以阻止金属钨的蒸发，氦氖激光器可用于测量或通信。各种稀有气体在霓虹灯管中可呈现不同颜色，其中氖灯射出的红光在空气中可穿过浓雾，用于机场航标灯。

▲ 霓虹灯管中充入稀有气体会呈现出各种颜色。

No.045 良好的导体——金属

目前，人们知道的金属约有80种，且大部分都可以在地壳中发现。在自然界中，金属广泛存在。在我们的生活中，金属的应用也极为普遍，是在现代工业中应用最多的物质之一。

金属的特性

大多数金属有可塑性，受热后的金属更容易塑形。金属既导电又导热，是良导体，这是因为金属里的电子比非金属里的电子移动得更自由。

提取金属

地壳里有大量的金属元素，它们通常以化合物的形式存在于岩石中，被称为矿石。人们需要对矿石进行经过提纯和化学处理后，才能得到纯金属。

铁矿开采地

最佳导体——铜

铜的塑性好、容易加工、耐腐蚀，特别是铜的导电和导热性除了略逊于银以外，是所有金属中最好的。由于银比较昂贵，因此铜是广泛应用的最佳导电体和导热体。

坚硬的铁

纯铁是一种有光泽的银白色金属，具有可塑性和延展性。它可以用来铸造农具和炼钢。铁与氯、氧和硫化合后可以形成多种化合物。

↑ 铜的导电性很好，大量用于制造电线、电缆等。

知识小笔记

铁碳合金可分为钢和生铁，如今钢已成为世界上使用最多的材料之一，是建筑业、制造业和人们日常生活中不可或缺的材料。

锻造

锻造是一种金属加工工艺。从简单的金属块到复杂的雕像等都可经过锻造制成。锻造有多种成形方法，如自由锻、模锻，此外还有连续锻造，就是让熔融的金属通过冷却之后，再经轧辊压制成连续的金属带。

↖ 铁矿石

No.046 财富象征——贵金属

jīn shǔ de jià zhí suí zhe shè huì de biàn huà ér biàn huà   jīn
金属的价值随着社会的变化而变化。今
tiān zài rén men de shēng huó zhōng suí chù dōu kě jiàn lǚ guō lǚ hú hé
天在人们的生活中随处都可见铝锅、铝壶和
yì lā guàn děng lǚ zhì pǐn dàn zài 100 duō nián qián lǚ què shì yī zhǒng
易拉罐等铝制品，但在100多年前铝却是一种
xī han de guì jīn shǔ
稀罕的贵金属。

■ 什么是贵金属

guì jīn shǔ zhǔ yào zhǐ jīn   yín hé bó zú jīn shǔ   liǎo lǎo bǎ é yī bó
贵金属主要指金、银和铂族金属（钌、铑、钯、锇、铱、铂）
děng 8 zhǒng jīn shǔ yuán sù   zhè xiē jīn shǔ dà duō sè zé měi lì   duì huà xué yào pǐn dǐ kàng lì dà
等8种金属元素。这些金属大多色泽美丽，对化学药品抵抗力大，
zài yī bān tiáo jiàn xià bù yì yǐn qǐ fǎn yìng
在一般条件下不易引起反应。

黄金首饰

■ 金

jīn shì   guì jīn shǔ   bù néng róng jiě zài yī bān de huà xué yào jì lǐ   jīn de mì dù hěn
金是"贵金属"，不能溶解在一般的化学药剂里。金的密度很
dà   ér qiě shì rè hé diàn de liáng dǎo tǐ   yì bù shòu dì qiú dà qì céng jí dà bù fēn fǎn yìng wù
大，而且是热和电的良导体，亦不受地球大气层及大部分反应物
yǐng xiǎng
影响。

■ 金的用途

金是人类最早发现和使用的金属之一，其化学性质非常稳定，因此被用作货币。金的另一大用途是做首饰，其实首饰并非都是用纯金做成的，因为纯金太软，容易变形，要用黄金与铜或银组成合金，让其质地变硬一些。

▼ 银制品

▶ 金奖杯

■ 白银

银是较软的银白色金属，广泛分布在自然界中，大多以硫化物形式存在。银也曾作为货币进行流通，但其贵重程度要比黄金小。现在，银的这种用途已经逐渐消失。

知识小笔记

金在地球上是飘忽不定的。它在地壳里的含量不算少，可是它是分散着的。

■ 高品质的铂金

铂金是集纯净、稀有以及多种用途于一体的金属。很少有金属能完全纯净，而铂金却是其中的例外。它几乎没有杂质，纯度极高，因此不会褪色或变色，能够在时间的流逝中保持光泽。

▲ 铂金戒指

No. 047 复杂有趣——冶炼技术

在远古时期，人类将石块打磨以后做成工具使用。而今天，人类已经掌握了多种金属的提炼方法，这就是冶炼技术。

冶炼技术

冶炼是用焙烧、熔炼、电解以及使用化学药剂等方法把矿石中的金属提取出来。该方法是通过减少金属中所含的杂质或增加金属中的某种成分，炼成所需要的金属。

冶炼钢铁

生铁和熟铁

一般含碳量小于 0.1% 的铁叫熟铁或纯铁，含碳量在 0.1% 至 2% 的叫钢，含碳量在 2% 以上的叫生铁。熟铁可塑性好，容易变形，用途不广；生铁含碳多，硬而脆，几乎没有塑性，但是用途很广。

知识小笔记

钢的冶炼通常从炼铁开始，铁矿石、焦炭和石灰是炼铁用的原料，这些原料被装入高炉以生产铁水。铁水中含 4% 至 4.5% 的碳和其他杂质。

No. 048 晶莹剔透——晶体

水晶是无色透明的石英结晶体矿物，实际上它和沙子是同胞兄弟。晶体不仅好看，而且在今天的电子时代发挥着举足轻重的作用。

固体的分类

物质形态分为固体、液体和气体三个形态。而固体又分为晶体、非晶体和准晶体三大类。晶体有着规则的几何形状，好像大自然特意加工出来的一样。它内部原子的排列十分规整严格，比士兵的方阵还要整齐得多。

晶体

晶体有三个特征：晶体有一定的几何外形，晶体有固定的熔点，晶体有各向异性的特点。如果让你在玻璃、珍珠和雪花里选择哪一个是晶体，你能正确地找到答案吗？答案就是雪花,它是水的结晶体。

→ 水晶

知识小笔记

1824年，一位叫弗里希·摩斯的奥地利矿物学家，从许多矿物中抽出10个品种，经过科学实验测出它们的相对硬度，由此得出水晶的摩氏硬度为7。

No. 049 生活基础——有机物

有机物是什么？举几个例子吧！我们吃的食物是有机物，我们用的塑料是有机物，有些玻璃也是有机物。有机物在我们的生活中扮演着重要的角色。

知识小笔记

酒精也是一种有机物，具有强烈的挥发性，所以我们能闻到它的气味。

有机物是什么

有机物也叫有机化合物，在化学上是指除了碳酸盐和碳的氧化物等简单的含碳化合物之外的含有碳元素的化合物。在有机物中，碳元素是最重要的，也是中心元素，除此以外，还含有氢、氧、硫和氮等元素。许多有机物分子中都有一条长长的由碳原子连接起来的碳链。

烯烃

烯烃是一大类有机物，最简单的烯烃是乙烯。在乙烯分子里有两个碳原子和四个氢原子，碳原子之间存在一个双键。这样的双键含有更多的能量，也不太稳定。所有的烯烃中都含有这样的双键。

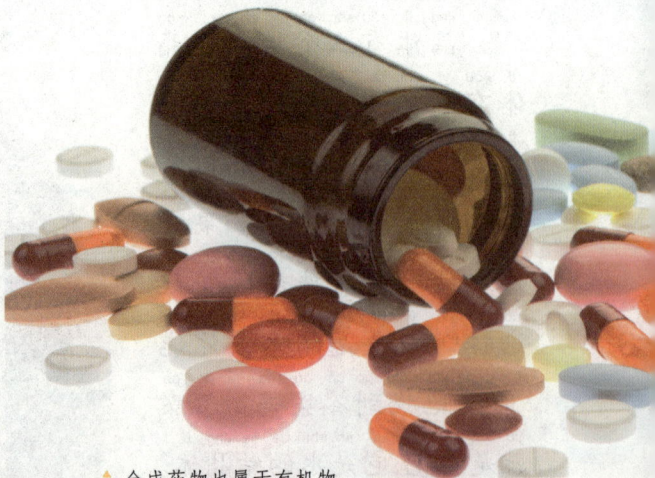

合成药物也属于有机物。

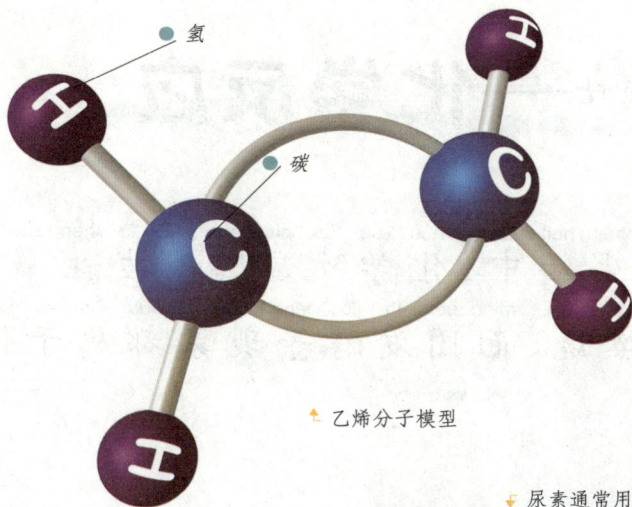

氢

碳

乙烯分子模型

炔烃

最简单的炔烃是乙炔，乙炔分子中含有两个碳原子和两个氢原子。乙炔很容易燃烧，而且是一种有毒的气体。

尿素通常用作植物的氮肥。

葡萄糖

葡萄糖也是一种有机物，它含有6个碳原子、12个氢原子和6个氧原子。它能与氧气发生反应，并释放能量，是生物体内主要的能量来源，也是非常重要的营养物质。

尿素

尿素是有机化学史上一个重要的发明。人工合成尿素打破了无机物和有机物之间的壁垒，用有力的事实证明了有机物是可以从无机物转化而来的。

No.050 逐渐变化——化学反应

在我们的生活中，化学反应随时发生着。铁生锈、煤炭燃烧、面团发酵等现象都属于化学反应。

发酵

面团必须发酵才能制作成面包或者馒头，而这个发酵过程其实就是利用面粉中的糖分与其他营养物质，在适宜的生长条件下繁殖产生大量的二氧化碳气体，使面团膨胀成海绵状结构。

葡萄酒是经过发酵制成的。

催化剂

化学反应中，有一种参与反应并改变反应速度但是在反应前后没有任何变化的物质，它就是催化剂。比如，在糖表面撒上烟灰，糖可以燃烧，这是因为烟灰可以改变蔗糖燃烧的反应速度，降低蔗糖的燃点。

知识小笔记

1661年罗伯特·玻义尔就指出，一切设想都得经过实验检验才能判定其正确性。

反应速度

反应依据不同的物品和环境，速度也不一样。爆炸产生的反应速度可快到以秒计算，而塑料袋降解的反应却可能要持续几十年甚至几百年的时间。反应速度不是一成不变的，它会根据随时改变的条件而改变。

↑ 燃烧是一种放热反应。

温度与反应

温度越高，大多数反应越快。这是因为参与反应的粒子在温度增高时有更多的能量，运动得更快。如果温度降低，粒子运动变慢，反应也就慢了。因此，食物放在冰箱里保存通常比在正常室温里保存会更久一些。

吸热反应

在运动员受伤后，常常使用的冷敷方法就是一种吸热反应。它通过破坏旧键所消耗的热量大于构成新键所需的热量，来达到止痛效果。冰雪融化的时候也会发生吸热反应，冰雪融化的同时会降低周围的温度，所以我们常说的下雪不冷化雪冷，就是这个道理。

↑ 下雪时的温度比化雪时的温度会高一些。

No. 051 氧化反应——燃烧

rán shāo　shì wù zhì kuài sù yǎng huà　chǎn shēng guāng hé rè de guò
　　燃烧，是物质快速氧化，产生光和热的过
chéng　wù zhì wèi shén me huì rán shāo　ràng wǒ men yī qǐ lái kàn kan
程。物质为什么会燃烧？让我们一起来看看
kē xué de jiě shì ba
科学的解释吧！

■ 钻木取火 ▶

wù zhì dōu yǒu zì jǐ de rán diǎn　bǐ rú mù tou　dāng wēn dù dá dào zhè zhǒng wù zhì de rán
　　物质都有自己的燃点，比如木头。当温度达到这种物质的燃
diǎn shí　zhè zhǒng wù zhì jiù huì rán shāo qǐ huǒ　gǔ rén lì yòng mó cā shēng rè　zài yòng gōng jù zuàn
点时，这种物质就会燃烧起火。古人利用摩擦生热，在用工具钻
mù tou de mó cā zhōng xùn sù chǎn shēng gāo wēn　shǐ mù tou dá dào rán diǎn　cǐ shí mù tou jiù kāi shǐ
木头的摩擦中迅速产生高温，使木头达到燃点，此时木头就开始
rán shāo　zhè jiù shì gǔ rén de zuàn mù qǔ huǒ
燃烧。这就是古人的钻木取火。

↑ 温度达到一定燃点就会燃烧。

光能转化的热能

光可以点燃一些易燃物，有些森林火灾就是在阳光的曝晒下，温度过高引起的。我们用放大镜将阳光聚集在一点时，会发现这个点的温度很高，当光线足够强的时候，就可以点燃光点下的干燥木材。

知识小笔记

1897 年，英国物理学家克鲁克斯提出了除气态、固态和液态以外的第四形态——等离子态的概念。火就是介于气态、固态和液态以外的等离子态。

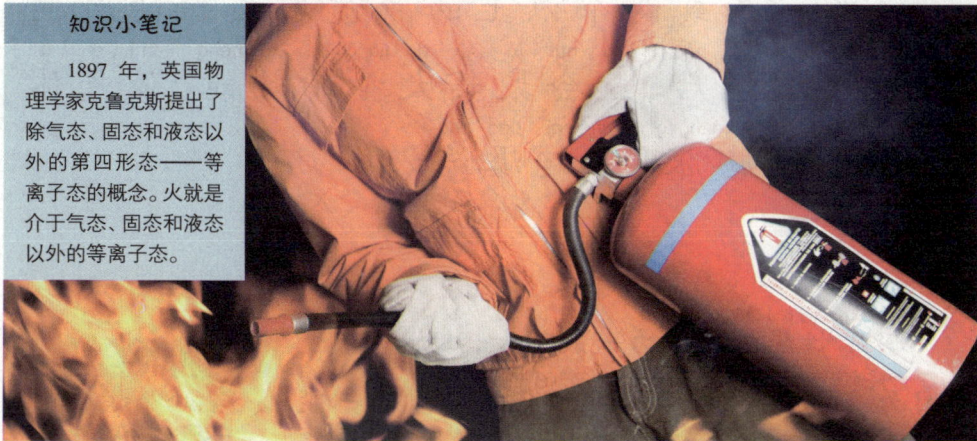

灭火

灭火

要熄灭燃烧的酒精灯不能像吹蜡烛一样，而是要将酒精灯盖上，火才会熄灭。这是由于盖上盖子后酒精灯失去了燃烧需要的氧气。同样，灭火器和沙土等也可以起到阻隔氧气的作用，并达到灭火的目的。

氧化反应

燃烧实际上就是一个氧化反应。汽车内燃机内，汽油燃烧释放出了汽车需要的热量。氧气和汽油发生的化学反应是一个放热反应，提供了汽车运行所需要的能量。

燃烧会产生热能，可以用来取暖。

85

No. O52 剧烈反应——爆炸

当一个或两个以上的物质在极短的时间内急速燃烧后，就会聚集大量的热能，使气体体积迅速膨胀，引起爆炸。

膨胀性爆炸

膨胀性爆炸的威力一般不大，比如一个气球因为充了太多的气体而膨胀爆炸。它一般只是制造刺耳的响声，并没有其他更猛烈的爆炸现象。膨胀性爆炸属于物理爆炸范围。

知识小笔记

1937 年 5 月 6 日，"兴登堡"号飞艇在一场灾难性氢爆炸事故中被大火焚毁，97 名乘客和 23 名乘务人员死亡。

化学爆炸

化学爆炸通常是剧烈的化学反应引起的，比如可燃物在空气中猛烈燃烧。化学爆炸通常伴有燃烧、强烈的发热和发光现象，会伤害人体和其他物体，威力非常巨大。

▲ 化学爆炸

放电爆炸

静电释放也会导致爆炸，但是我们日常生活中所遇到的静电爆炸非常有限，更剧烈的放电爆炸发生在天空中。当云层之间有强烈的放电现象时，雷电周围的空气会被急剧加热，进而膨胀扩张，制造巨大的响声，并伴有强烈的发光和发热现象。

▶ 静电的释放

核爆炸

核爆炸是威力最巨大的爆炸类型。它利用大量原子进行核反应，在极短的时间里释放大量能量，制造剧烈爆炸。核爆炸不需要空气，它可以在任何地方爆炸，一个像菠萝那么大的核原料就可以毁灭一个中等城市。

▲ 核爆炸产生的蘑菇云

冲击波

爆炸都会产生冲击波，冲击波的强度和爆炸的威力成正比。我们经常会看到离爆炸点很远的建筑玻璃被震碎，就是冲击波造成的。

No. 053 电的魔法——电解

diàn jiě jiù shì jiè zhù zhí liú diàn de zuò yòng jiāng róng jiě zài
电解就是借助直流电的作用，将溶解在
shuǐ zhōng de diàn jiě zhì fēn jiě chéng xīn wù zhì de guò chéng diàn jiě zhì
水中的电解质分解成新物质的过程。电解质
shì zài zhè zhǒng qíng kuàng xià néng dǎo diàn de wù zhì
是在这种情况下能导电的物质。

■ 电解的秘密

知识小笔记

英国科学家法拉第曾经做过一连串有关电解的研究和调查，发现通过的电量与电解所产生物质的重量有所关联。

diàn jiě kě yǐ jiāng huà hé wù fēn jiě wéi qí suǒ hán yǒu de gè zhǒng
电解可以将化合物分解为其所含有的各种
yuán sù zhè shì yīn wèi lí zǐ zài diàn jí shang dé shī diàn hè hòu huì
元素，这是因为离子在电极上得失电荷后，会
shēng chéng zhè xiē yuán sù de yuán zǐ diàn jiě kě yìng yòng yú cóng kuàng shí
生成这些元素的原子。电解可应用于从矿石
zhōng tí liàn jīn shǔ huò yòng zài diàn dù shang
中提炼金属或用在电镀上。

■ 导电的电解质

diàn jiě zhì jiù shì zài shuǐ
电解质就是在水
róng yè zhōng huò shì róng róng zhuàng tài
溶液中或是熔融状态
xià néng dǎo diàn de wù zhì zuì
下能导电的物质。最
cháng jiàn de diàn jiě zhì shì suān
常见的电解质是酸、
jiǎn hé yán tā men zài róng yú
碱和盐，它们在溶于
shuǐ huò qí tā róng jì shí fā shēng
水或其他溶剂时发生
diàn lí xíng chéng lí zǐ jìn xíng
电离，形成离子进行
dǎo diàn
导电。

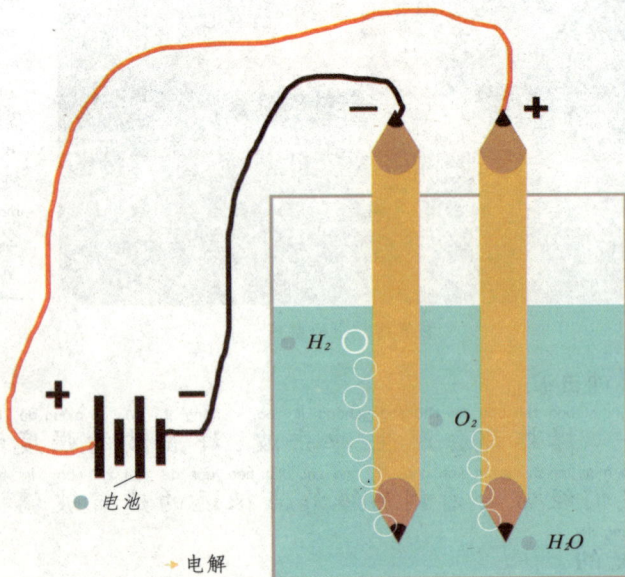

电池

→ 电解

H_2

O_2

H_2O

No. 054 酸酸苦苦——酸和碱

醋之所以酸是因为它含有乙酸，而柠檬之所以酸酸的，则是因为它含有柠檬酸。很多酸有腐蚀性，如果加入碱，酸的威力就会减弱。我们吃的馒头和面包里都会用到食用碱。

弱酸

有些酸，比如橘子、柠檬中的酸就是弱酸。这些弱酸如果溶于水中，只有很少量的分子会电离出氢离子。你可以用减少水或增加水的方法制备弱酸的浓溶液或稀溶液。

▶ 柠檬里面含有柠檬酸。

碱

碱在生活中很常见，发酵粉、消化药片、粉笔，还有我们的唾液中都存在碱。有些碱和强酸一样危险，如果泼在皮肤上会造成一定的灼伤。所有碱溶解于水后都会形成氢氧根离子，碱和酸反应以后，就能生成盐。

知识小笔记

水溶液的酸性强度是由其中的氢离子浓度决定的。

▶ pH 试纸

No. 055　最常见的物质——盐

盐是酸和碱经过中和作用形成的化合物。盐有很多种类，形式上可以分为三类：正盐、酸式盐和碱式盐。

盐的家族

我们吃的食盐只是盐的一种，学名为氯化钠。在生活中，还有很多盐我们见过但是却不知道它们的真实身份。盐是普通而且非常有用的化学品，熟石膏、火药、颜料、杀虫剂中都含有不同的盐。

离子

各种盐都由离子构成，所以盐才能在水中溶解，并使盐溶液导电。例如食盐是由钠离子和氯离子构成的。

知识小笔记

盐对身体运转至关重要。出汗可能导致脱水，这时大夫就会给患者注射生理盐水。

海边提取食盐。

盐的"故乡"

海水是盐的"故乡"，海水中含有各种盐类，其中 90% 左右是氯化钠，也就是食盐。科学家经过研究，发现海水中的盐类来自于陆地的岩石和土壤。据估算，现在每年经过江河流到海里的盐类非常巨大。

↑ 食盐

天然的盐

很多矿石和矿物质都是由盐构成的，包括石灰石（碳酸钙）、石膏（硫酸钙）以及萤石（氟化钙）等。在正常条件下，所有的盐都会形成美丽的晶体。

人体内的盐

当人的身体出汗时，体内的盐会随之失去。盐对身体健康运转至关重要，出汗可能导致脱水和虚脱。这就是为什么医生嘱咐到热带地区去的人要携带盐片，因为这样可以补充因出汗而失去的盐。

↓ 运动出汗后，体内的盐就会通过汗液分泌出来。

No. 056 干干净净——肥皂

肥皂具有比水更彻底的清洁作用。这是因为肥皂中有一种钠盐可以分解油脂，所以，人们在洗衣服的时候会使用肥皂。

最早的肥皂

最早的肥皂来自古埃及。一次，皇宫里的厨师将油洒了一地，大家在打扫时发现混有羊油的炭灰能将手上的污垢去除干净。法老知道此事后，就吩咐手下人做出沾有油脂的炭块饼，供客人使用。这就是肥皂的雏形。

知识小笔记

能发出各种香味的香皂里面加进了香料和着色剂，所以商场里的香皂总是五颜六色的。

去污的原理

肥皂有特殊的分子结构，分子的一端有亲水性，另一端有亲油脂性。在水与油污的界面上，肥皂使油脂乳化溶解于肥皂水中；在水与空气的界面上，肥皂围住空气分子形成泡沫。原先不溶于水的污垢，因为肥皂的作用，无法再依附在物体表面，所以最后就被清洗掉了。

▲ 肥皂

No. 057 去除疼痛——麻醉剂

在19世纪以前，病人如果要实施手术就必须忍受强烈的疼痛，即使简单的拔牙对他们来说也非常痛苦。麻醉剂的出现，减轻了人们手术时的痛苦。

知识小笔记

中国三国时期有一个神医华佗，可以用自己配置的麻药让病人在不知不觉中完成手术，他因此成了世界上第一个敢做腹腔手术的人。

酒的麻醉

我们常见的食用酒类商品中含有酒精。酒精对人的神经具有一定的麻痹作用，因此过多摄入会使饮用者的神经麻痹，失去知觉。酒精还有另外一个作用，就是用于生产麻醉剂乙醚。

笑气拔牙

笑气被发现后，英国牙科医生韦尔斯在吸入了足够的笑气以后，请助手拔掉了自己的一颗牙，果然没有觉得疼痛。此后，韦尔斯用笑气作为麻醉剂，成功地为不少患者做了手术。

▶ 酒有麻痹神经的作用。

No. 058 生活必需物——高分子化合物

gāo fēn zǐ huà hé wù shì yóu shàng qiān gè yuán zǐ gòu chéng de
高分子化合物是由上千个原子构成的，
tā shì huà xué shì jiè zhōng de jù rén xiàng jiāo xiān wéi sù
它是化学世界中的"巨人"。橡胶、纤维素、
diàn fěn děng dōu shì cháng jiàn de gāo fēn zǐ huà hé wù
淀粉等都是常见的高分子化合物。

■ 纤维素 ▶

xiān wéi sù shì yī zhǒng cháng jiàn de gāo fēn zǐ huà hé wù   tā de xiāng duì fēn zǐ zhì liàng gāo dá
纤维素是一种常见的高分子化合物，它的相对分子质量高达
shàng bǎi wàn   tiān rán de xiān wéi sù cún zài yú zhí wù de xì bāo bì lǐ   shì bǎo hù zhí wù xì bāo
上百万。天然的纤维素存在于植物的细胞壁里，是保护植物细胞
de wù zhì
的物质。

知识小笔记

纤维素是世界上最丰富的天然有机物，占植物界碳含量的50%以上。棉花纤维素含量接近100%，是天然的最纯纤维素来源。

以合成纤维为材料的被褥

■ 橡胶

xiàng jiāo shì lìng wài yī zhǒng gāo fēn zǐ huà hé wù
橡胶是另外一种高分子化合物，
tán xìng fēi cháng hǎo   ér qiě nài mó nài fǔ shí   zài
弹性非常好，而且耐磨耐腐蚀，在
xiàn shí shēng huó zhōng yǒu hěn dà de yòng tú   bǐ rú qì
现实生活中有很大的用途，比如汽
chē lún tāi
车轮胎。

橡胶轮胎

淀粉

淀粉也是一种自然界存在的高分子化合物。它是由葡萄糖分子聚合而成的，是我们主要的能量来源，我们所吃的食物中大多含有淀粉。

▲ 小麦里面含有淀粉。

聚乙烯

聚乙烯是人工合成的最简单的高分子化合物，我们日常生活中使用的许多塑料产品都是以聚乙烯为原料制造的。

以聚乙烯为原料制造的塑料玩具

腈纶

腈纶就是聚丙烯腈，它是一种人工合成的纤维，材质柔软、轻盈，保暖且耐腐蚀，因此在纺织和制造领域中有十分广泛的用途。腈纶还具有很好的着色性，能够被染成多种颜色。

No. 059 轻便廉价——塑料

在我们的生活中，箱子、瓶子、电脑、家具，很多物品都离不开塑料。塑料不像木材之类的传统材料，它可以做出质地特殊的物品，所以应用非常广泛。

塑料的制造

生产塑料制品的方法主要有两种，分别为吹塑法和挤压法。吹塑法就是先将加热后的塑料放进模具中，然后合上模具，压缩空气以使塑料在模具中挤压成型。挤压法是将塑料颗粒经过料斗进入料筒，加热后变成液体，在螺旋装置的挤压下通过模具和芯棒，模具和芯棒使塑料成型为管子。

合成树脂

合成树脂是人工合成的高分子化合物，它在受热的时候会变软，因此具有很好的可塑性。一些合成树脂材料具有很好的光学特性，可以用来制作有机玻璃或者镜片。

● 塑料袋

知识小笔记

目前，如何处理废塑料迫在眉睫。人们在新开发的系统中使用的炼油催化剂能以高产量回收废塑料，并将其制成燃料油。

No.060 透明闪亮——玻璃

在生活中，玻璃随处可见，并起着非常重要的作用。玻璃是一种非结晶性和无定形状态的无机物，它是将石英砂、石灰石、纯碱加热至熔融，经过冷却、固化而形成的。

平板玻璃

最古老的平板玻璃是把熔化的玻璃注入平整的泥模做成的。1884年，英国的钱斯兄弟发明了新的平板玻璃工艺。他们将熔化的玻璃液体倒在倾斜的平面上，并用一对碾子在上面碾压，然后再将这些玻璃磨光。

> **知识小笔记**
>
> 变色玻璃是在普通玻璃中加入了适量的溴化银和氧化铜。

钢化玻璃

钢化玻璃是用普通平板玻璃或浮法玻璃加工处理而成的。普通平板玻璃要求用特选品或一等品，浮法玻璃要求用优等品或一级品。钢化玻璃的抗弯强度是普通玻璃的3至5倍，耐急冷急热性质是普通玻璃的2至3倍。

* 钢化玻璃比普通的玻璃要结实。

No.061 缤纷绚烂——陶瓷

zài cháng qī de láo dòng zhōng　　rén men xué huì le yòng nián tǔ zhì
在长期的劳动中，人们学会了用黏土制
zào táo cí　　táo cí jì shù yě yīn cǐ chéng wéi rén lèi lì shǐ shang de
造陶瓷。陶瓷技术也因此成为人类历史上的
zhòng dà　fā míng
重大发明。

■ 陶器

táo qì shì yòng nián tǔ niē zhì chéng xíng liàng gān hòu　　yòng huǒ shāo chū lái de　　shì ní yǔ huǒ de
陶器是用黏土捏制成型晾干后，用火烧出来的，是泥与火的
jié jīng　　cóng hé běi shěng yáng yuán xiàn ní hé wān dì qū fā xiàn de jiù shí qì shí dài wǎn qī de táo piàn
结晶。从河北省阳原县泥河湾地区发现的旧石器时代晚期的陶片
lái kàn　　zhōng guó táo qì de chǎn chēng jù jīn yǐ yǒu 11700 duō nián de yōu jiǔ lì shǐ
来看，中国陶器的产生距今已有11700多年的悠久历史。

知识小笔记

陶器的烧成温度在800至1000摄氏度，而瓷器的烧成温度在1200摄氏度左右。

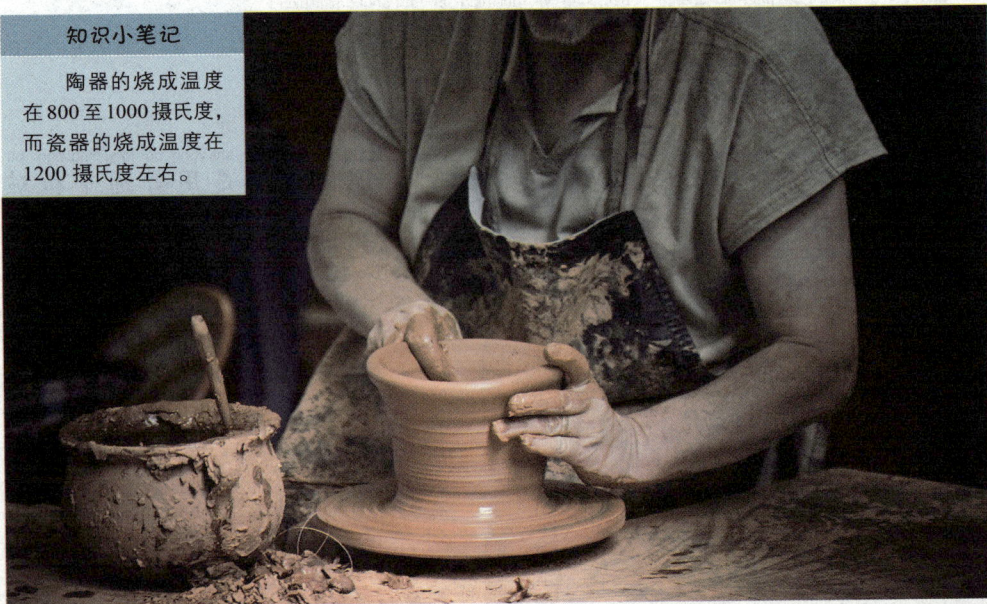

陶器的制作

瓷器

瓷器是中国劳动人民对世界文化的重大贡献。在公元前 16 世纪的商代，中国就出现了早期的瓷器。瓷器的原料与陶器的不同，瓷器烧制原料是富含石英和绢云母等矿物质的瓷石、瓷土或高岭土，烧制温度也高于陶器。

▶ 一件造型独特的瓷器摆件，既有装饰作用，更是一件艺术品。

彩色陶瓷

色彩鲜艳的物品总是受到人们的喜爱，陶瓷制品也是一样，但并不是所有的陶瓷制品都是越鲜艳越好。色彩鲜艳的陶瓷含有的金属添加剂多，做餐具的话，还是选择素淡一些的陶瓷更健康和安全。

▶ 彩色陶瓷

金属陶瓷

人们将一些金属细粉放在了黏土里烧制出的金属陶瓷，能够抵挡 5000 摄氏度的高温。金属陶瓷不仅可以用在火箭的外壳上，还可以用来切割金属。

No. 062 色彩斑斓——染料和颜料

rén lèi tiān shēng jù yǒu duì sè cǎi de zhuī qiú cóng yī zhuó shì
人类天生具有对色彩的追求,从衣着、饰
pǐn dào qì chē jiàn zhù chù chù dōu yǒu yán liào hé rǎn liào de shēn
品到汽车、建筑,处处都有颜料和染料的身
yǐng tā men yǐ chéng wéi wǒ men shēng huó zhōng de bì xū pǐn
影,它们已成为我们生活中的必需品。

■ 染料 ▶

rǎn liào shì néng gòu róng jiě yú shuǐ
染料是能够溶解于水
de rǎn sè jì néng jìn rù xiān wéi de
的染色剂,能进入纤维的
měi yī gè jiǎo luò hé fèng xì bìng néng
每一个角落和缝隙,并能
tōng guò huà xué fǎn yìng yǔ zhī wù xiān wéi
通过化学反应与织物纤维
jǐn mì jié hé
紧密结合。

▲ 染料

■ 染料的分类

rǎn liào fēn wéi tiān rán rǎn liào hé hé chéng rǎn liào liǎng dà
染料分为天然染料和合成染料两大
lèi tiān rán rǎn liào fēn zhí wù rǎn liào rú qiàn cǎo diàn
类。天然染料分植物染料,如茜草、靛
lán děng dòng wù rǎn liào rú yān zhī chóng děng hé chéng rǎn
蓝等;动物染料,如胭脂虫等。合成染
liào yòu chēng rén zào rǎn liào zhǔ yào cóng méi jiāo yóu fēn liú chū
料又称人造染料,主要从煤焦油分馏出
lái huò shí yóu jiā gōng jīng huà xué jiā gōng ér chéng sú
来(或石油加工),经化学加工而成,俗
chēng méi jiāo yóu rǎn liào
称煤焦油染料。

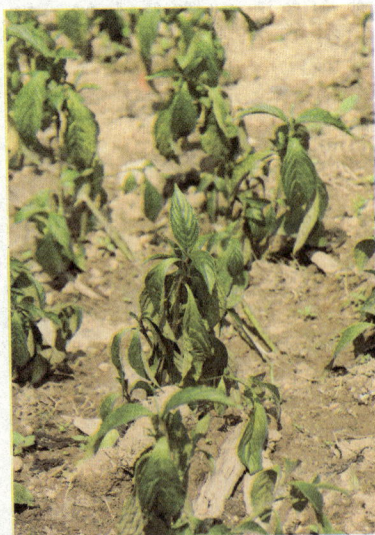

※ 蓼蓝亦称为蓝或靛青,是一种一年生的蓼科草本植物,也是
植物染料。

■ 天然染料与合成染料

天然染料与生态环境的相容性好，可生物降解，而且毒性较低，生产这些染料的原料属于可再生资源。而合成染料的原料是石油和煤炭，这些资源不可再生，且消耗快。因此，开发天然染料有利于保护自然资源和生态环境。

知识小笔记

1857年，英国人威廉·珀金建立了生产苯胺染料的工厂，成为合成染料工业的开拓者。

油画颜料是用油稀释的颜料。

▼ 颜料块

■ 颜料

颜料是可以使物体被染上颜色的物质。它具有可溶性和不可溶性的区别，也有无机的和有机的区别。颜料的使用从远古时期就开始了，当时人们尝试用磨碎的彩色贝壳来做颜料绘画。

■ 油漆

油漆靠颜料着色，但它需要一种溶剂使油漆易于流动，还需要一种被称作黏合剂的化学物品使颜料固定到位。油漆中使用的溶剂一般为香蕉水，它易挥发，有强烈的气味。

油漆

No.063 大楼的基础——**建筑材料**

建筑材料就是在建筑物中使用的材料。随着科技的发展，石块、木头这些早期的建筑材料逐渐被水泥、混凝土、钢筋等替代。

■ 土坯和砖

土坯房是在砖成为普通建材前中国北方农村的主体房舍。制作土坯的方法有很多种，最常见的就是将泥放入模子中压实，形成土坯。将土坯放在窑里烧制而成的建材就是砖。

知识小笔记

悉尼歌剧院的贝壳外形是由混凝土构架建成的。

■ 混凝土

混凝土是用水泥与沙子和小石头混合制成的。在混合物里加水后，它们就会变成厚重的浆并且会慢慢地凝固。混凝土作为建材的优点有很多，它便宜、耐用、耐压、耐水、耐火，还具有可塑性，而且原材料也随处可见。

施工中的混凝土建筑

水泥

jiàn zhù yòng de shuǐ ní shì yòng shí huī shí fěn hé huà xué
建筑用的水泥是用石灰石粉和化学
cái liào hùn hé zhì chéng de yī zhǒng nián hé jì shì zhòng yào
材料混合制成的一种黏合剂，是重要
de jiàn zhù cái liào yòng shuǐ ní zhì chéng de shā jiāng huò hùn níng
的建筑材料。用水泥制成的砂浆或混凝
tǔ jiān gù nài jiǔ guǎng fàn yòng yú tǔ mù jiàn zhù shuǐ
土，坚固耐久，广泛用于土木建筑、水
lì guó fáng děng gōng chéng
利、国防等工程。

▶ 水泥

金属建材

jīn shǔ jiàn cái zài xiàn dài jiàn zhù zhōng shì bì bù
金属建材在现代建筑中是必不
kě shǎo de rú tiě kě yòng yú zhì zào gāng jīn hùn níng
可少的，如铁可用于制造钢筋混凝
tǔ xiàn dài zhù zhái zhōng tiě xīn lǚ chéng wéi
土。现代住宅中，铁、锌、铝成为
shū shuǐ guǎn dào de lǐ xiǎng cái liào ér tóng zé guǎng fàn
输水管道的理想材料，而铜则广泛
yìng yòng yú shū diàn xiàn lù hé rè shuǐ guǎn dào
应用于输电线路和热水管道。

◆ 塑料是现代建材中重要的材料。

• 铜

特殊的现代建材

zài xiàn dài jiàn cái zhōng sù liào
在现代建材中，塑料
yě zhàn yǒu zhe zhòng yào de yī xí zhī dì
也占有着重要的一席之地，
yóu qí zài zhì zào pái wū guǎn dào shang sù
尤其在制造排污管道上，塑
liào dé dào le pǔ biàn shǐ yòng cǐ wài
料得到了普遍使用。此外，
sù liào hái shi zhòng yào de gé rè hé fáng
塑料还是重要的隔热和防
shuǐ cái liào yīn cǐ zài jiàn zhù yè shang
水材料，因此在建筑业上
tā de yìng yòng shí fēn guǎng fàn
它的应用十分广泛。

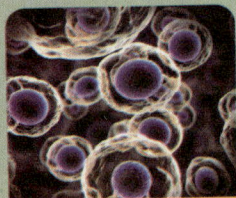

百大科学奥秘

生命科学

SHENG MING KE XUE

shēngmìng shì zěn me lái de suí zhe xiàn dài kē
生命是怎么来的？随着现代科
xué de fā zhǎn rén men duì shēngmìng qǐ yuán de wèn tí
学的发展，人们对生命起源的问题
yǒu le gèng hé lǐ hé shēn rù de yán jiū
有了更合理和深入的研究。

▲ 女娲造人

神造说

shén zào shuō rèn wéi dì qiú
神造说认为地球
shang de gè zhǒngshēng wù dōu shì yóu
上的各种生物都是由
shénchuàng zào chū lái de zhè ge
神创造出来的。这个
jiǎ shuō shì zài kē xué chǎnshēng yǐ
假说是在科学产生以
qián yóu yú rén lèi duì shì jiè
前，由于人类对世界
rèn shi de bù chōng zú ér tí chū
认识的不充足而提出
de bù guò cóng zhè ge jiǎ shuō
的。不过从这个假说
yě néng gòu kàn chū rén lèi zǎo qī
也能够看出人类早期
duì shēngmìng de tàn zhī hé sī kǎo
对生命的探知和思考。

化学起源说

huà xué qǐ yuánshuō shì bèi guǎng dà xué zhě pǔ biàn jiē shòu de shēngmìng qǐ yuán
化学起源说是被广大学者普遍接受的生命起源
jiǎ shuō zhè yī jiǎ shuō rèn wéi dì qiú shang de shēngmìng shì zài dì qiú wēn dù
假说。这一假说认为，地球上的生命是在地球温度
zhú bù xià jiàng yǐ hòu zài jí qí màncháng de shí jiān nèi yóu fēi shēngmìng wù
逐步下降以后，在极其漫长的时间内，由非生命物
zhì jīng guò jí qí fù zá de huà xué guò chéng yī bù yī bù de yǎn biàn ér chéng de
质经过极其复杂的化学过程，一步一步地演变而成的。

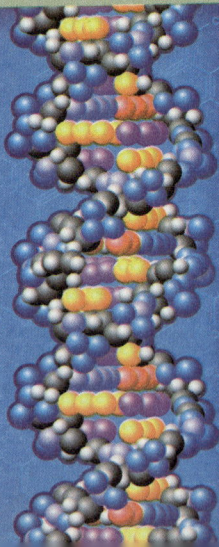

知识小笔记

1953年，美国科学家米勒用放电的方式，把甲烷和一些无机物气体合成氨基酸，从而证明生命物质可以从无机物转变而来。

🔺 原始海洋中的生命迹象

自然发生说

zì rán fā shēng shuō yòu bèi chēng wéi zì shēng lùn rèn wéi shēng wù kě yǐ suí shí yóu fēi shēng wù
自然发生说又被称为自生论，认为生物可以随时由非生物

chǎn shēng huò zhě yóu lìng yī xiē jié rán bù tóng de wù tǐ chǎn shēng zhōng shì jì shí jiù yǒu rén rèn wéi
产生，或者由另一些截然不同的物体产生。中世纪时就有人认为，

shù yè luò rù shuǐ zhōng huì biàn chéng yú luò zài dì shang zé biàn chéng niǎo
树叶落入水中会变成鱼，落在地上则变成鸟。

宇宙生命论 ▶

yǔ zhòu shēng mìng lùn rèn wéi dì qiú
宇宙生命论认为地球

shang zuì chū de shēng wù lái zì bié de
上最初的生物来自别的

xīng qiú huò yǔ zhòu de pēi zhǒng tā
星球或宇宙的"胚种"，它

men kě yǐ tōng guò guāng yā huò yǔn shí ér
们可以通过光压或陨石而

dào dá dì qiú zhè zhǒng jiǎ shuō zài 19
到达地球。这种假说在19

shì jì shí céng jīng hěn liú xíng
世纪时曾经很流行。

🔺 有些人认为生命产生于彗星，在彗星或陨石撞击地球时，这些有机分子经过一系列的合成而产生了新的生命。

生源论

shēng yuán lùn rèn wéi shēng wù bù néng zì rán fā shēng zhǐ néng yóu qí qīn dài chǎn shēng 17 shì jì
生源论认为生物不能自然发生，只能由其亲代产生。17世纪

yì dà lì yī shēng léi dí shǒu xiān yòng shí yàn zhèng míng le fǔ ròu bù néng zì rán shēng qū qū shì cāng yíng chǎn
意大利医生雷迪首先用实验证明了腐肉不能自然生蛆，蛆是苍蝇产

luǎn hòu fū huà chū lái de bù guò shēng yuán lùn bìng méi yǒu huí dá zuì chū de shēng mìng shì zěn yàng xíng chéng de
卵后孵化出来的。不过生源论并没有回答最初的生命是怎样形成的。

No. 065 万物历程——生命的进化

shēngmìng rú hé jìn huà　　wèi shén me shēng wù shì xiàn zài zhè ge
生命如何进化？为什么生物是现在这个
yàng zi　　jīng guò cháng qī de yán jiū　　kē xué jiā men tí chū le shēng
样子？经过长期的研究，科学家们提出了生
mìng shǒu xiān tōng guò huà xué jìn huà chǎnshēng　　rán hòu zài yǐ biàn yì
命首先通过化学进化产生，然后再以变异——
xuǎn zé de fāng shì jìn huà
选择的方式进化。

■ 进化论

　　1859 nián　　dá ěr wén zài tā zhuàn xiě de　　wù zhǒng
　　1859 年，达尔文在他撰写的《物种
qǐ yuán　　li chǎn shù le jìn huà lùn　　tā shǒu cì xiàng rén lèi
起源》里阐述了进化论。他首次向人类
gōu huà chū shēngmìng yóu jiǎn dān dào fù zá　　yóu dī jí xiàng gāo
勾画出生命由简单到复杂、由低级向高
jí fā zhǎn de tú shì　　wèi shēngmìng kē xué de yán jiū hé fā
级发展的图式，为生命科学的研究和发
zhǎn diàn dìng le kē xué jī chǔ　　hòu lái tā yòu zài　　rén lèi
展奠定了科学基础。后来他又在《人类
qǐ yuán　　yī shū zhōng tí chū rén lèi qǐ yuán yú yuǎn gǔ líng zhǎng
起源》一书中提出人类起源于远古灵长
lèi dòng wù de guān diǎn
类动物的观点。

▶ 达尔文

▲ 始祖鸟化石

■ 化石的记载

　　　　shēng wù xué jiā men zhǔ yào tōng guò yán jiū gǔ shēng wù huà shí lái yìn
　　生物学家们主要通过研究古生物化石来印
zhèng tā men duì gǔ shēng wù jìn huà de tuī duàn　　yī xiē zhòng yào de huà shí
证他们对古生物进化的推断。一些重要的化石
shèn zhì kě yǐ biǎo míngshēng wù de yī gè zhòng yào lèi qún kě néng shì cóng lìng
甚至可以表明生物的一个重要类群可能是从另
yī lèi qún yǎn huà ér lái de　　lì rú cóng huà shí shang kàn　　shǐ zǔ niǎo hé
一类群演化而来的。例如从化石上看，始祖鸟和
xiàn dài niǎo lèi bìng bù xiàng　　dàn shì tā men què yǒu zhe mì qiè de lián xì
现代鸟类并不像，但是它们却有着密切的联系。

人类的进化

人是从古代的类人猿进化而来的。但是，不是所有猿都是人类的祖先。人类只是从一部分猿类进化来的。200万年前，人类大脑只有现在人类的一半，而科学家们也大胆地推测未来 100 万至 200 万年之后，人类的大脑将继续进化，继续变大。

知识小笔记

英国博物学家华莱士也曾经研究过生物的分布，后来他将这一研究让给了达尔文。

↑ 人类的进化

自然选择

在达尔文的论述中强调了"自然选择，适者生存"的道理。恐龙灭亡和人类主宰地球都是适应了这个道理。从一个物种上看，不常用的部分会慢慢退化，比如我们的尾巴都没有了，只保留一小段尾骨。

人为的选择

当科学家们开始了解生物的进化规律以后，就可以人为地改变生物的进化方式。比如袁隆平研制的高产量水稻，在苹果树上嫁接梨树可以长出带有苹果味道的梨，还有转基因植物。

↑ 杂交水稻

No. 066 分门别类——生物的分类

生物是有生命的物质。按照生物的特点，人们把它分成了五界：真菌界、植物界、动物界、原核生物界和原生生物界。

原核生物和原生生物

原核生物是单细胞生物，以细菌和蓝藻为主。这些生物细胞简单，只有原始的细胞核区，而较高级的生物都具有含真核的细胞。原生生物界由含有真核的单个细胞的生物组成。

植物界

植物界的生物通常都会利用光合作用获取阳光中的能量制造养料。植物界的成员不仅生活在陆地上，有些还生活在海洋里，比如海莲、红树、海带等。

植物界　被子植物　裸子植物　苔藓类　蕨类　石松纲　木贼　绿藻　红藻　褐藻　双鞭甲藻

动物界　脊椎动物　节肢动物　环节动物　棘皮动物　软体动物　扁虫　刺细胞动物　海绵　动鞭毛虫　纤毛虫　变形虫

真菌界　蕈类　子囊菌　微菌

原生生物　原核生物界　原生生物界　蓝绿（藻）　细菌　原核生物

生物分类示意图

真菌界

zhēn jūn jiè de shēng wù kào xī shōu qí tā shēng wù suǒ chǎnshēng de wù zhì wéi shēng yǒu xiē zhēn jūn
真菌界的生物靠吸收其他生物所产生的物质为生。有些真菌

hěn wēi xiǎo rú yòng yú miàn fěn fā jiào de jiào mǔ jūn yǒu xiē zhēn jūn bèi wǒ mendàng zuò shí wù bǐ
很微小，如用于面粉发酵的酵母菌。有些真菌被我们当作食物，比

rú dōng gū cǎo gū mù ěr yún ěr děng
如冬菇、草菇、木耳、云耳等。

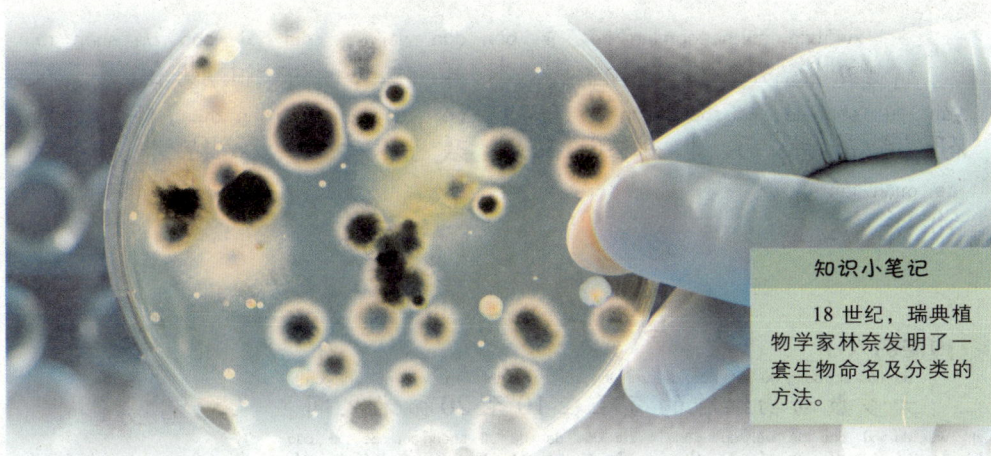

知识小笔记

18 世纪，瑞典植物学家林奈发明了一套生物命名及分类的方法。

实验室培养的微生物

微生物

wēi shēng wù shì bāo kuò xì jūn bìng dú zhēn jūn yǐ jí yī xiē xiǎo xíng de yuánshēngdòng wù děng
微生物是包括细菌、病毒、真菌以及一些小型的原生动物等

zài nèi de yī dà lèi shēng wù qún tǐ tā men gè tǐ wēi xiǎo duō shù wēi shēng wù dōu wú fǎ bèi ròu
在内的一大类生物群体。它们个体微小，多数微生物都无法被肉

yǎn shí bié dàn shì què yǔ rén lèi shēng huó mì qiè xiāngguān
眼识别，但是却与人类生活密切相关。

正在吃东西的海鹦

动物界

dòng wù shì shēng wù jiè zhōng de yī dà lèi
动物是生物界中的一大类。

dòng wù yī bān bù néngjiāng wú jī wù hé chéng yǒu
动物一般不能将无机物合成有

jī wù zhǐ néng yǐ yǒu jī wù wéi shí wù lì
机物，只能以有机物为食物，例

rú zhí wù dòng wù huò wēi shēng wù dòng wù
如植物、动物或微生物。动物

jù yǒu yǔ zhí wù bù tóng de xíng tài jié gòu hé
具有与植物不同的形态结构和

shēng lǐ gōngnéng yǐ jìn xíng shè shí xiāo huà
生理功能，以进行摄食、消化、

xī shōu hū xī xún huán pái xiè gǎn
吸收、呼吸、循环、排泄、感

jué yùn dòng hé fán zhí děngshēngmìng huó dòng
觉、运动和繁殖等生命活动。

No. 067 生物基础——细胞

细胞是生命的基本单位，对细胞的深入研究是揭开生命奥秘、改造生命和征服疾病的关键。

细胞的大小

大多数动物细胞的直径在10至20微米之间。植物的细胞略为大些。最小的独立生存的细胞是一种被称作支原体的原核生物，这种细胞的直径只有0.1微米，也就是万分之一毫米。卵细胞是大型细胞，鸵鸟的卵细胞直径可达25厘米。

> **知识小笔记**
>
> 1665年，英国科学家胡克用自己制造的显微镜来观察植物薄片，发现一种盒状结构，并将它命名为"细胞"。

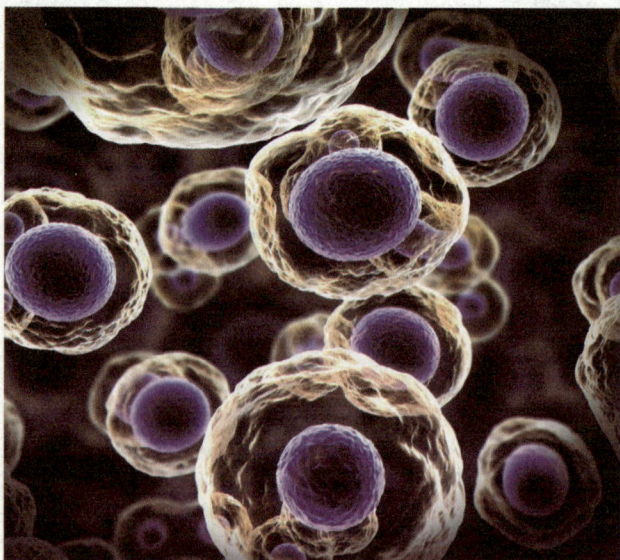

不同细胞的不同机能

不论是动物还是植物，每种细胞都有自己特定的工作。神经细胞游走于人体各部分传递信息，红血球输送氧气，白细胞则是健康的卫士。

◀ 显微镜下的分裂期细胞

No. 068 人体外衣——皮肤和肌肉

pí fū fù gài zhe quán shēn，shì rén tǐ zuì dà de qì guān。dāng
皮肤覆盖着全身，是人体最大的器官。当
nǐ wān qū shǒu bì，tiǎo dòng méi mao，zhè xiē dòng zuò dōu xū yào jī ròu
你弯曲手臂，挑动眉毛，这些动作都需要肌肉
cái néng wán chéng
才能完成。

知识小笔记

皮肤是人体最大的器官，总重量占体重的5%至15%，总面积为1.5至2平方米。

皮肤的构造

pí fū bāo kuò biǎo pí、zhēn pí hé pí xià zǔ zhī。biǎo pí shì
皮肤包括表皮、真皮和皮下组织。表皮是
pí fū zuì wài miàn de yì céng，píng jūn hòu dù wéi 0.2 háo mǐ；zhēn pí
皮肤最外面的一层，平均厚度为0.2毫米；真皮
zé yóu xiān wéi、jī zhì hé xì bāo gòu chéng
则由纤维、基质和细胞构成。

肌肉衰老

rén lèi suí zhe nián líng bù duàn zēng zhǎng，kòng zhì gǔ tou yùn
人类随着年龄不断增长，控制骨头运
dòng de héng wén jī de tán xìng xiān wéi huì zhú jiàn bèi jié dì zǔ zhī
动的横纹肌的弹性纤维会逐渐被结缔组织
suǒ dài tì。jiē shi de jié dì zǔ zhī quē
所代替。结实的结缔组织缺
fá tán xìng，shǐ jī ròu bù néng qiáng lì shōu
乏弹性，使肌肉不能强力收
suō。suǒ yǐ dāng rén dào lǎo nián shí，jī
缩。所以当人到老年时，肌
ròu de lì liàng huì shuāi tuì，fǎn
肉的力量会衰退，反
yìng yě jiù chí dùn le
应也就迟钝了。

→ 人到老年皮肤
会变松弛。

No. 069 人体支架——骨骼和关节

你知道吗？人体共有206块骨头，它们大小不一，各有各的功能。骨骼与骨骼之间通过关节连接，在肌肉的作用下，身体才能运动自如。

骨和骨髓

骨是由骨膜、骨质和骨髓三部分组成的。骨髓是骨内部空腔内的一类造血物质，它有两种成分：一种是呈红色的红骨髓，另一种是呈黄色的黄骨髓。红骨髓上布满了各种造血细胞，所以婴儿和儿童的骨中会有大量的红骨髓，以满足他们的生长需要。

脊柱

在人体内最重要的中心支撑骨骼是脊柱，成人脊柱由26块椎骨构成。每块椎骨的中心都有一个孔，这些孔构成一个管道，骨髓就在其中。

知识小笔记

人造关节用的材料是不被人体细胞组织排斥的金属、陶瓷或塑料等。

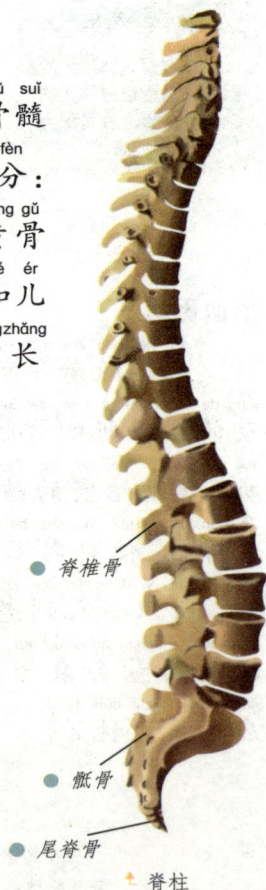

● 脊椎骨

● 骶骨

● 尾脊骨

↑ 脊柱

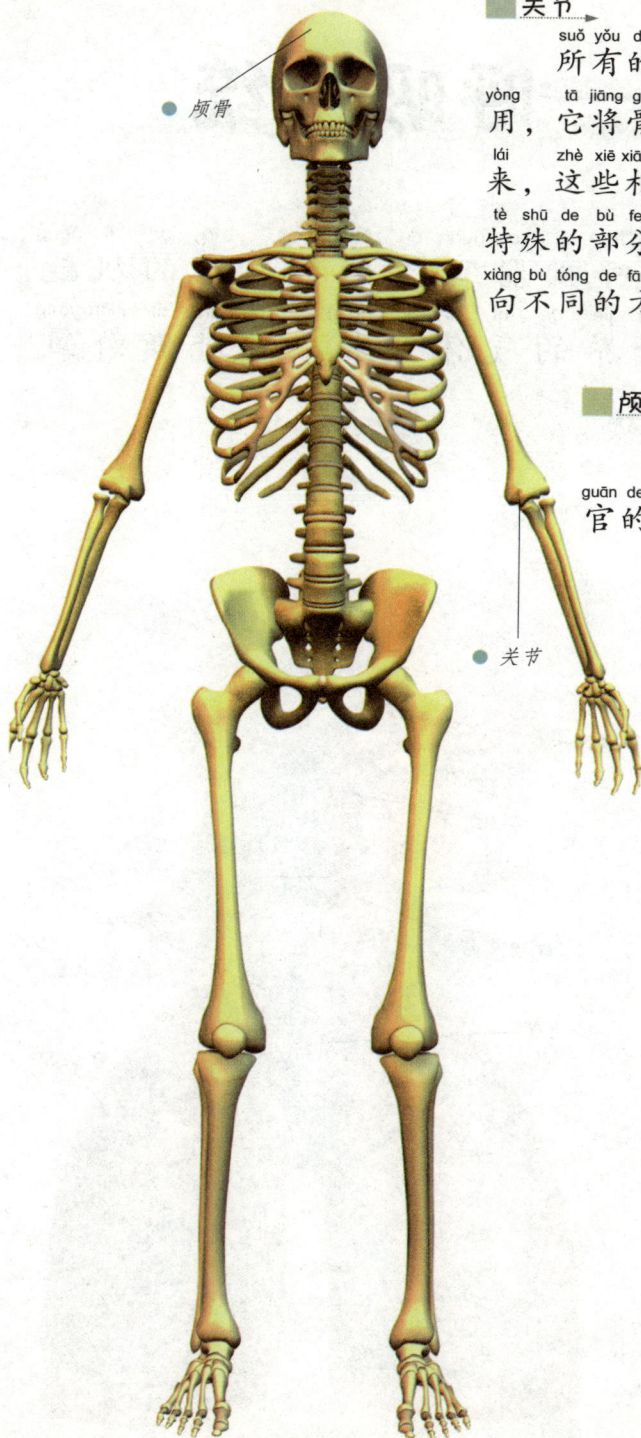

● 颅骨

关节

suǒ yǒu de yùn dòng dōu lí bu kāi guān jié de zuò
所有的运动都离不开关节的作
yòng tā jiāng gǔ yǔ gǔ zhī jiān jǐn mì de lián jiē qǐ
用，它将骨与骨之间紧密地连接起
lái zhè xiē xiāng lián de dì fang dōu shì rén tǐ bǐ jiào
来，这些相连的地方都是人体比较
tè shū de bù fen zài jī ròu de dài dòng xià gǔ
特殊的部分。在肌肉的带动下，骨
xiàng bù tóng de fāng xiàng shēn zhǎn yùn dòng
向不同的方向伸展运动。

颅骨

lú gǔ shì bǎo hù nǎo hé gǎn jué qì
颅骨是保护脑和感觉器
guān de gǔ gé tā yóu 23 kuài gǔ zǔ
官的骨骼，它由 23 块骨组
chéng dàn lú gǔ tōng cháng kàn shàng
成。但颅骨通常看上
qù xiàng yī gè wán zhěng de gǔ gé
去像一个完整的骨骼，
zhè shì yīn wèi gǔ yǔ gǔ zhī jiān bèi
这是因为骨与骨之间被
guān jié jǐn jǐn de lián zài le yī qǐ
关节紧紧地连在了一起。

● 关节

● 骨髓

No.070 起起伏伏——呼吸系统

呼吸系统是呼吸器官的总称，它的机能主要是实现与外界的气体交换，吸进新鲜氧气，呼出二氧化碳。

呼气和吸气

肺在吸气的时候会扩充，因为它们借着体液紧贴在胸壁内面，所以可随着胸壁起伏而胀缩。呼气时，横膈和肋间肌会放松，肺就像是泄气的气球般恢复原状，同时排出空气。

知识小笔记

鸟类的呼吸系统十分特殊，表现在具有非常发达的气囊系统与肺气管相通连。

人的呼吸过程包括三个互相联系的环节：外呼吸，包括肺通气和肺换气；气体在血液中的运输；内呼吸，指组织细胞与血液间的气体交换。

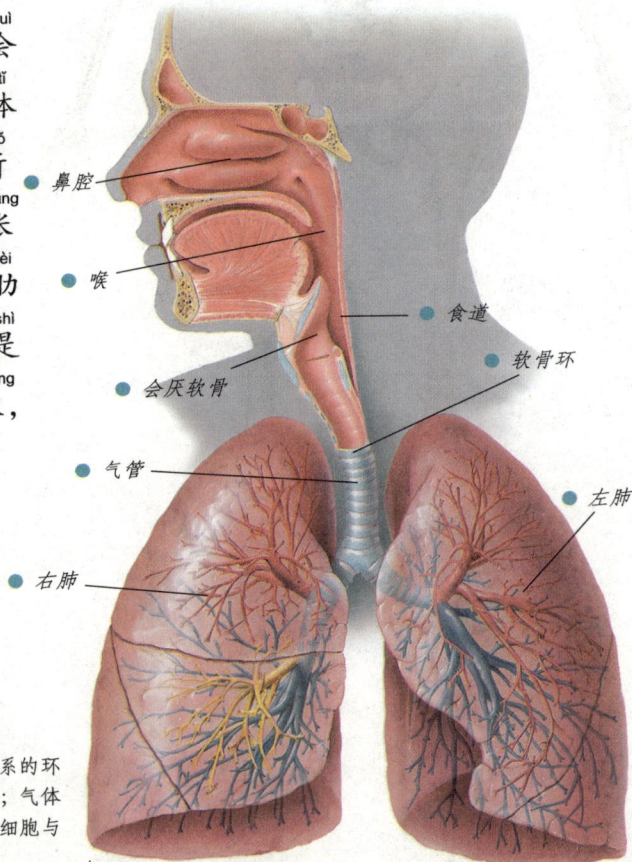

鼻腔　喉　食道　软骨环　会厌软骨　气管　右肺　左肺

■ 支气管树

我们的肺里密布着支气管组成的树状空气通道。首先，气管分支成两条支气管，进入左右肺。之后，每条支气管继续分支，次数高达 15 次或 20 次，形成数千条细微的小支气管，最小的甚至比头发丝还要细。

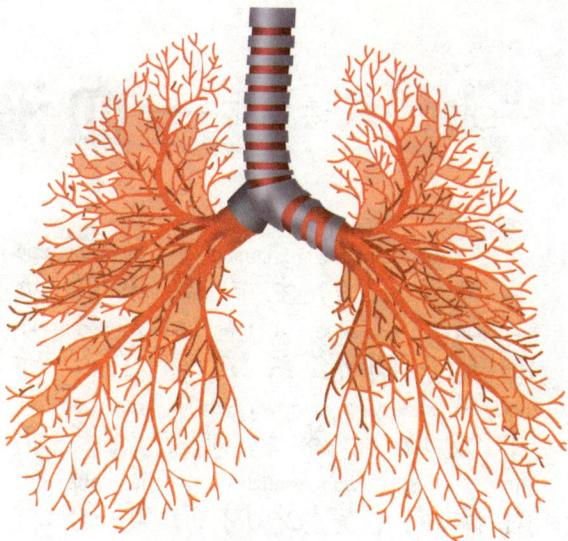

↑ 支气管组成的树状空气通道

↑ 经常运动的人肺活量都比较高。

■ 肺活量

在我们体检的时候通常会有肺活量这项，肺活量是反映肺在一次呼吸活动中最大的通气能力。一个人肺活量的大小和年龄、性别、身材、健康状况等因素有关。成年人的肺活量为 2500 至 4000 毫升。

■ 鱼类的呼吸

鳃是鱼类的呼吸器官，位于口咽腔两侧对称排列。有些鱼类为适应某种特殊的生活条件，除鳃以外，还可通过皮肤（鳗鲡、鲇鱼、弹涂鱼等）、肠管（泥鳅）、鳃上器（攀鲈、斗鱼、乌鳢等）及气囊（肺鱼）等各种器官进行辅助呼吸，度过缺水乏氧的困难时期。

No. 071 人体循环——血液和消化系统

wǒ men de shēngmìng lí bu kāi xuè yè　　yě lí bu kāi shí wù
我们的生命离不开血液，也离不开食物。
měi tiān　　xiāo huà xì tǒng dōu zài máng lù de cóng nǐ shè qǔ de shí wù
每天，消化系统都在忙碌地从你摄取的食物
zhōng xī shōu yíng yǎng wù zhì　　rán hòu zài bǎ bù xū yào de lā jī pái
中吸收营养物质，然后再把不需要的垃圾排
chū tǐ nèi　　wán chéngzhōu ér fù shǐ de xīn chén dài xiè
出体内，完成周而复始的新陈代谢。

■ 血液的循环

xuè yè zhōng de hěn duō chéng fèn lái zì yú gǔ suǐ gàn xì bāo　　zài xīn zàng zhè ge bù tíng xī de
血液中的很多成分来自于骨髓干细胞，在心脏这个不停息的
shēngmìng zhī bèng zuò yòng xià zài rén tǐ zhōng xún huán　　dāng wǒ men yùn dòng de shí hou　　xīn tiào huì jiā sù
生命之泵作用下在人体中循环。当我们运动的时候，心跳会加速，
xuè yè liú dòng jiā kuài　　zhè yàng　　wǒ men jiù huì gǎn jué dào rè　　rén tǐ yī kào xuè yè liú dòng yùn
血液流动加快。这样，我们就会感觉到热。人体依靠血液流动运
shū rè liàng　　tóng shí hái yī kào xuè yè xún huán dá dào shēngmìng xún huán
输热量，同时还依靠血液循环达到生命循环。

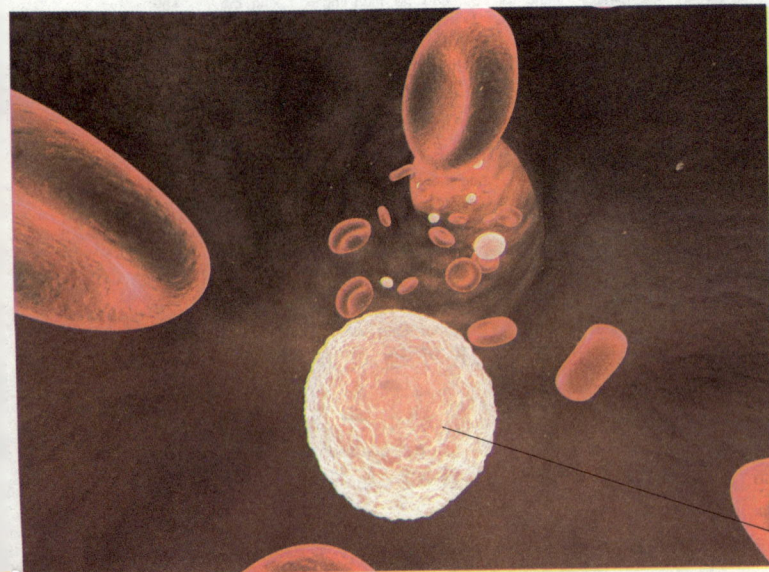

● 白细胞

■ 白细胞和血小板

bái xì bāo jiù hǎo xiàng xuè yè
白细胞就好像血液
zhōng de wèi shì　　fù zé yù fáng hé
中的卫士，负责预防和
dǐ kàng bìng dú rù qīn　　xuè xiǎo bǎn
抵抗病毒入侵。血小板
jiù hǎo xiàng xuè yè zhōng de　yī shēng
就好像血液中的医生，
zài xuè guǎn chū xiàn pò sǔn de shí hou
在血管出现破损的时候，
tā men huì shōu suō xuè guǎn xíng chéng zhǐ
它们会收缩血管形成止
xuè shuān　　cù jìn shāng kǒu chù xuè yè
血栓，促进伤口处血液
níng gù　　dá dào zhǐ xuè xiào guǒ
凝固，达到止血效果。

消化系统

rén tǐ shè qǔ de néngliàng wù zhì jīng guò xiāo
人体摄取的能量物质经过消
huà xì tǒng hòu biànchéng le rén tǐ běn shēn de néngliàng
化系统后变成了人体本身的能量。
xiāo huà xì tǒng xiàng yí gè shí pǐn jiā gōngchǎng yǒu
消化系统像一个食品加工厂，有
xù de bǔ chōng zhe shēngmìng tǐ de néngliàng xū qiú
序地补充着生命体的能量需求。

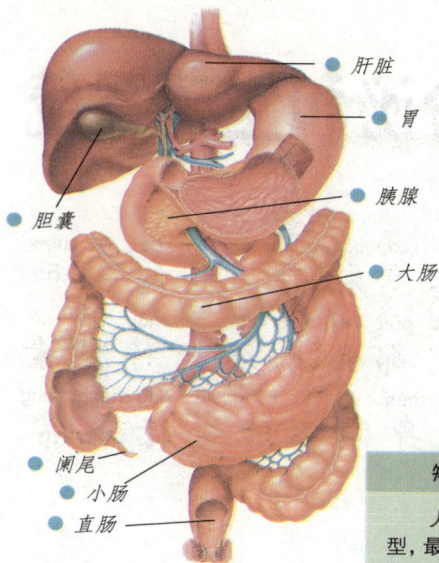

肝脏
胃
胰腺
大肠
胆囊
阑尾
小肠
直肠

知识小笔记

人体有 20 多种血型，最基本的血型是 A 型、B 型、AB 型和 O 型。

口腔

kǒu qiāng shì shí wù jìn rù rén tǐ de dì yī guān
口腔是食物进入人体的第一关。
jiān yìng hé wán zhěng de shí wù bù lì yú xiāo huà zài kǒu
坚硬和完整的食物不利于消化，在口
qiāng zhōng tā men huì bèi yá chǐ mó suì qiē chéng xiǎo
腔中，它们会被牙齿磨碎，切成小
kuài kǒu qiāng li de xiàn tǐ fēn mì tuò yè jiāng shí wù
块。口腔里的腺体分泌唾液，将食物
huà chéng mí zhuàng jìn rù xià yí bù xiāo huà
化成糜状进入下一步消化。

吃东西要尽量避免狼吞虎咽。

胃

wèi shì rén tǐ nèi zhòng yào de xiāo huà qì guān zhī yī shàng
胃是人体内重要的消化器官之一，上
jiē shí dào xià jiē shí èr zhǐ cháng xíngzhuàngxiàng yí gè dà kǒu
接食道，下接十二指肠，形状像一个大口
dai wèi de nèi bì shì xiāngdāng hòu shi de jī ròu tōng guò shōu
袋。胃的内壁是相当厚实的肌肉，通过收
suō lái jìn yí bù niǎn suì shí wù tóng shí wèi lǐ miàn fēn mì
缩来进一步碾碎食物。同时，胃里面分泌
de wèi yè néng shǐ wèi li de shí wù gèng jiā róu
的胃液能使胃里的食物更加柔
ruǎn biàn de gèng jiā shì hé yú xiāo huà xī shōu
软，变得更加适合于消化吸收。

食物团经咽、食管进入胃，经胃壁肌肉机械性地运动和胃液的化学性消化后，变成了半流质状的食糜，经幽门将食物推向十二指肠。

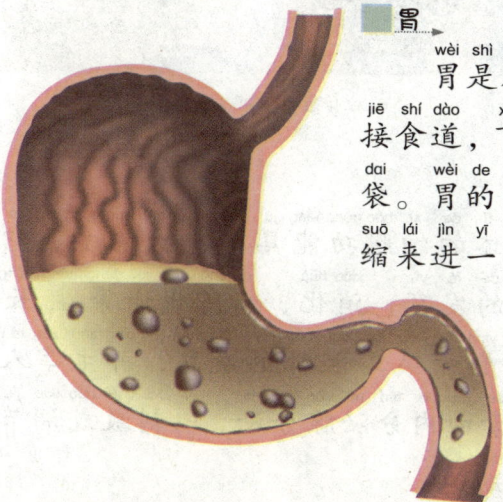

117

No. 072 缺一不可——内分泌和生殖系统

内分泌与生殖系统息息相关。任何一种内分泌细胞功能的失常，都会导致一种激素分泌过多或缺乏，从而使身体不能进行正常的生长或生殖。

内分泌腺

人体的主要内分泌腺包括脑垂体、甲状腺、甲状旁腺、肾上腺、胰腺和性腺。内分泌腺的分泌物均由腺细胞释放并渗入血液或淋巴，以此来传遍全身，并达到控制和调节的作用。

甲状软骨
甲状腺
颈动脉
甲状腺
颈静脉

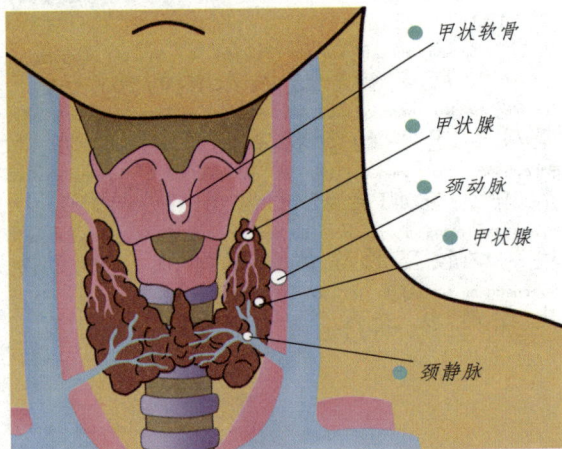

↑ 甲状腺示意图

知识小笔记

任何一种内分泌细胞的功能失常，都会导致一种激素分泌过多或缺乏，从而引起各种疾病，使身体不能进行正常的生长、发育、生殖，不能进行正常的新陈代谢活动。

激素

激素对人体的细胞功能具有重大影响，它除了调节人体的发育、消化、新陈代谢等生长过程外，还会影响第二性征的发展，并主宰人体的行为。激素由内分泌腺分泌，以刺激或调节其他细胞的活动。

男性生殖系统

nán xìng shēng zhí qì bāo kuò gāo wán fù
男性生殖器包括睾丸、附
gāo shū jīng guǎn shè jīng guǎn qián liè xiàn
睾、输精管、射精管、前列腺、
jīng náng xiàn hé niào dào qiú xiàn gāo wán shì nán
精囊腺和尿道球腺。睾丸是男
xìng shēng zhí xiàn zuǒ yòu gè yī gè chéng luǎn
性生殖腺，左右各一个，呈卵
yuán xíng wèi yú yīn náng nèi shì chǎn shēng
圆形，位于阴囊内，是产生
xióng xìng jīng zǐ de qì guān yě shì chǎn shēng
雄性精子的器官，也是产生
xióng xìng jī sù de zhǔ yào nèi fēn mì xiàn
雄性激素的主要内分泌腺。

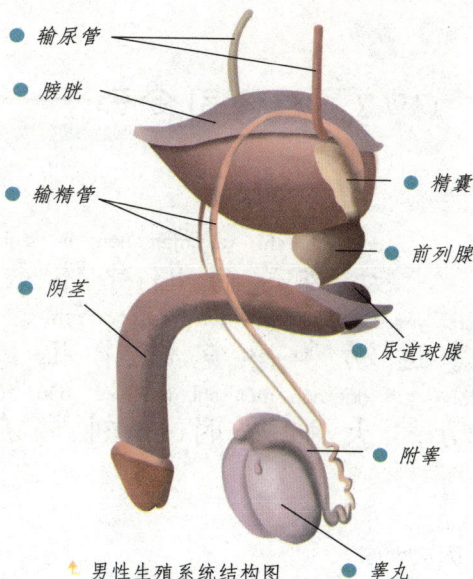

男性生殖系统结构图

女性生殖系统

nǚ xìng shēng zhí qì yóu luǎn cháo
女性生殖器由卵巢、
shū luǎn guǎn zǐ gōng hé yīn dào děng bù
输卵管、子宫和阴道等部
fēn zǔ chéng luǎn cháo zuǒ yòu gè yī
分组成。卵巢，左右各一
gè wèi yú pén qiāng nèi zǐ gōng de liǎng
个，位于盆腔内子宫的两
cè wéi tuǒ yuán xíng jié gòu tā de
侧，为椭圆形结构。它的
gōng néng shì chǎn shēng chéng shú de luǎn zǐ hé
功能是产生成熟的卵子和
fēn mì cí xìng jī sù yī bān lái shuō
分泌雌性激素。一般来说，
nǚ xìng zài 13 suì zuǒ yòu jiù kāi shǐ
女性在 13 岁左右，就开始
chǎn shēng luǎn zǐ
产生卵子。

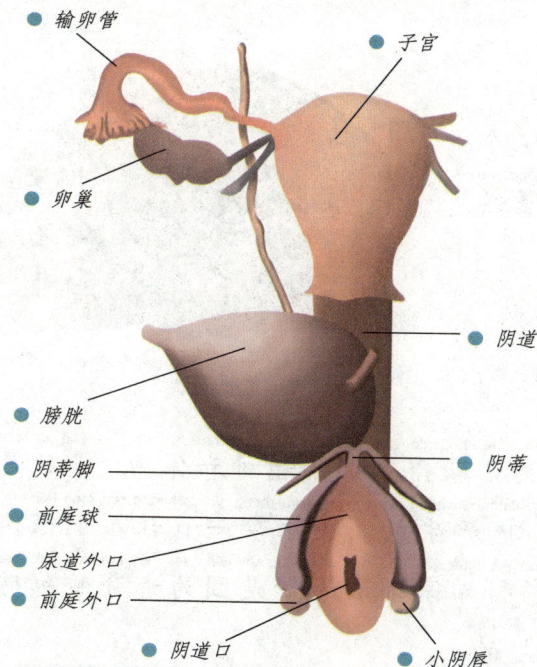

女性生殖系统结构图

受精

dāng nán xìng de jīng zǐ yǔ nǚ xìng de luǎn zǐ xiāng yù shí jiù huì fā shēng shòu jīng rú guǒ luǎn
当男性的精子与女性的卵子相遇时，就会发生受精。如果卵
zǐ shòu jīng tā de wài mó jiù huì péng zhàng chéng yī céng jiāo zhuàng píng zhàng lái zǔ zhǐ qí tā jīng zǐ jìn
子受精，它的外膜就会膨胀成一层胶状屏障来阻止其他精子进
rù shòu jīng luǎn jiù huì dào dá zǐ gōng bìng kāi shǐ fēn liè
入。受精卵就会到达子宫，并开始分裂。

No. 073 人体司令部——大脑

dà nǎo shì wǒ men shēn tǐ zuì zhòng yào de qì guān zhī yī tā
大脑是我们身体最重要的器官之一。它
shì yùn dòng hé gǎn jué de zhōng shū kòng zhì zhe rén tǐ de xíng wéi huó
是运动和感觉的中枢，控制着人体的行为活
dòng dà nǎo měi shí měi kè dōu zài xīn qín de gōng zuò zhe
动。大脑每时每刻都在辛勤地工作着。

认识大脑

rén de dà nǎo yóu 140 yì zhì 160 yì gè
人的大脑由140亿至160亿个
xì bāo gòu chéng chéng rén dà nǎo píng jūn zhòng liàng yuē
细胞构成。成人大脑平均重量约
wéi 1500 kè dà nǎo pí céng hòu dù wéi 2 zhì 3
为1500克，大脑皮层厚度为2至3
háo mǐ zǒng miàn jī yuē wéi 2200 píng fāng lí mǐ
毫米，总面积约为2200平方厘米。

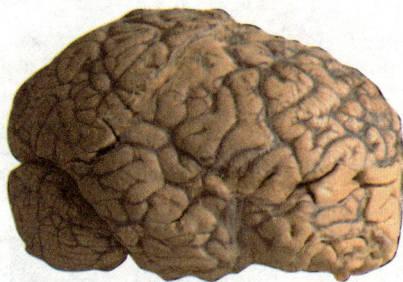
大脑

知识小笔记

大脑分为左右两
个半球，分别管理着人
体不同部位。小脑负责
人体的动作和协调性，
脑干控制血液循环系
统、呼吸系统等。

梦与睡眠

shuì mián shì wèi le huò dé zú gòu de jīng shén hé tǐ lì mèng jiù shì
睡眠是为了获得足够的精神和体力，梦就是
zài zhè ge guò chéng zhōng chǎn shēng de guān yú mèng yī zhí ràng rén men hěn mí
在这个过程中产生的。关于梦一直让人们很迷
huò bù guò hěn duō kē xué jiā dōu rèn wéi mèng shì yīn wèi bù fen nǎo xì bāo
惑，不过很多科学家都认为梦是因为部分脑细胞
méi yǒu xiū xi yǐn qǐ de
没有休息引起的。

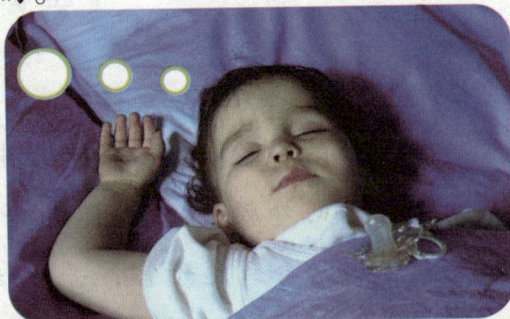

人们常说"日有所思，夜有所梦"，小
孩子晚上做梦会梦到好吃的或好玩的。

No.
074 人体动力——心·脏

心脏是人体里重要的器官，它像一个泵一样，日夜不停地有节律地跳动着。如果它停止了跳动，也就意味着一个生命的结束。

■ 心脏的结构 ▶

心脏的外形像一个桃子，大小与成人的拳头差不多。心脏内部从中间分开，形成左右两个部分，而左右两侧又各自分出上下两个部分，上方的叫心房，下方的叫心室。同侧的心房和心室之间有一层膜把它们隔开，叫作瓣膜。

■ 心脏的运转 ▶

心脏每次跳动的具体过程可分为两个步骤：首先，心脏舒张，内部充满血液，这是心舒张期；然后，心脏收缩，血液被挤进动脉，这是心收缩期。

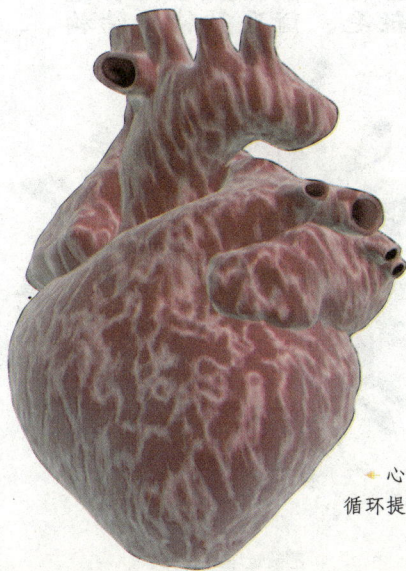

→ 心脏不停地跳，为血液循环提供动力。

知识小笔记

许多心脏疾病可引起心瓣膜的严重狭窄或关闭不全，从而导致心力衰竭。治疗这类疾病的方法是给心脏换上新的人工瓣膜。

No. O75 微小的恐怖——细菌和病毒

细菌是17世纪荷兰人列文虎克最早观察到的。细菌和病毒不是一回事，细菌是单细胞结构，而病毒不是细胞生物，无法独立生存。

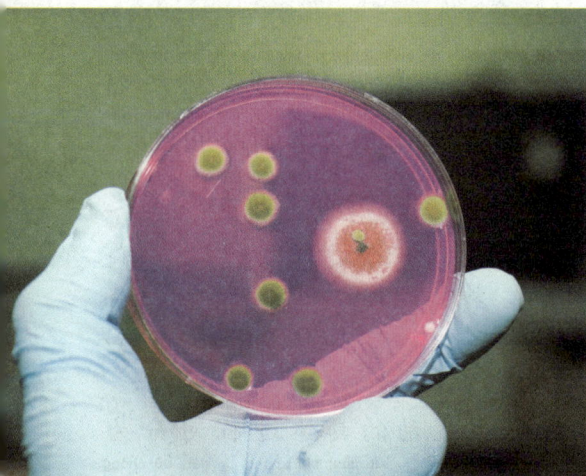

▲ 实验室培养的微生物

细菌细胞

典型的细菌细胞要比动物细胞小 1000 倍左右，只有用电子显微镜才能看清楚。细菌主要由细胞壁、细胞膜、细胞质、核质体等部分构成，有的细菌还有夹膜、鞭毛、菌毛等特殊结构。

病毒

病毒没有完整的细胞结构，个体微小，含有单一核酸。病毒是必须在活细胞内寄生并复制的非细胞型微生物。

知识小笔记

人的口腔里大约有100多种细菌，而且还有上百种真菌。

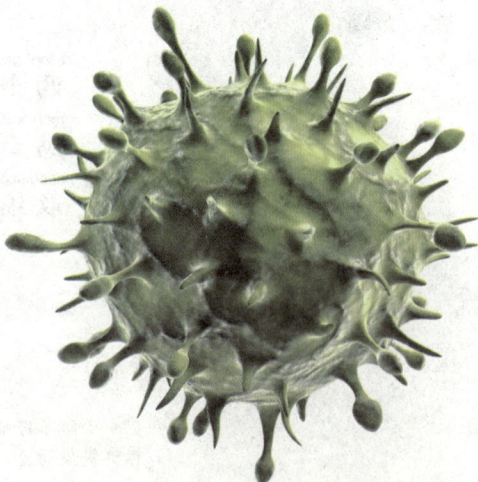

▲ 显微镜下的病毒

No. 076 妙趣横生——遗传和变异

孩子的眼睛、头发或者身高为什么跟父母很像,这是因为遗传造成的。与遗传一样,变异也是生物界普遍存在的生命现象。

发现的故事

19世纪60年代,奥地利人孟德尔发现了遗传规律。他用豌豆做试验,花费了8年的时间,终于揭开了生物一代与一代之间又像又不像这一奥秘,这就是孟德尔遗传学定律,即遗传规律。

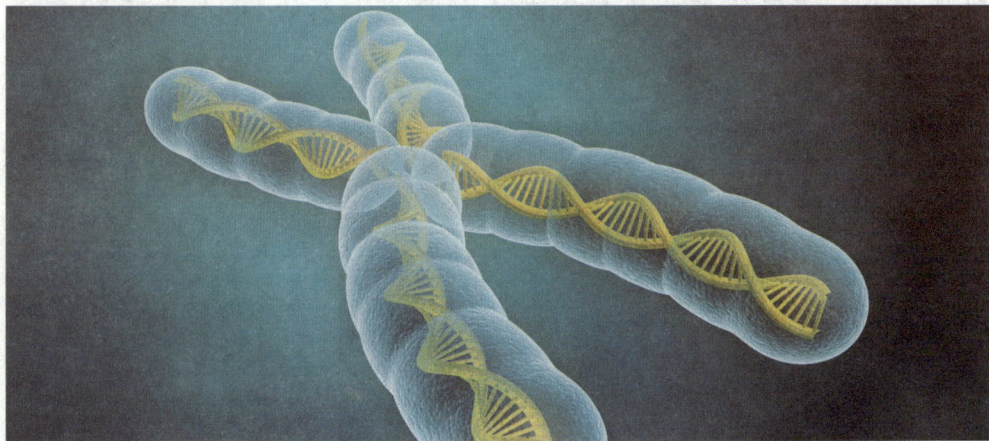
↑ 显微镜下的染色体

遗传与染色体

人体存在着数目恒定的染色体,当受精卵诞生时,其中就会有一半的染色体来自父亲,一半来自母亲,所以就有了子女像父母的遗传现象。

知识小笔记

20世纪以后,孟德尔遗传学定律才被重新发现和普遍接受。

No. 077 生命信息——基因与DNA

基因是遗传的物质基础。基因串连起来形成的长长的螺旋形的分子，就是脱氧核糖核酸，即DNA。DNA并非全部都具有遗传效应，DNA上具有遗传效应的片段才是基因。

人体的基因

人的遗传性状由密码来传递。人大概有2.5万个基因，而每个基因是由密码来决定的。人的基因中既有相同的部分，又有不同的部分。不同的部分决定人与人的区别。人的DNA共有30亿个遗传密码。

DNA

DNA是脱氧核糖核酸的英文缩写，是染色体的主要化学成分，同时也是组成基因的材料。在繁殖过程中，父代把它们自己DNA的一部分复制传递到子代中，从而完成性状的遗传。

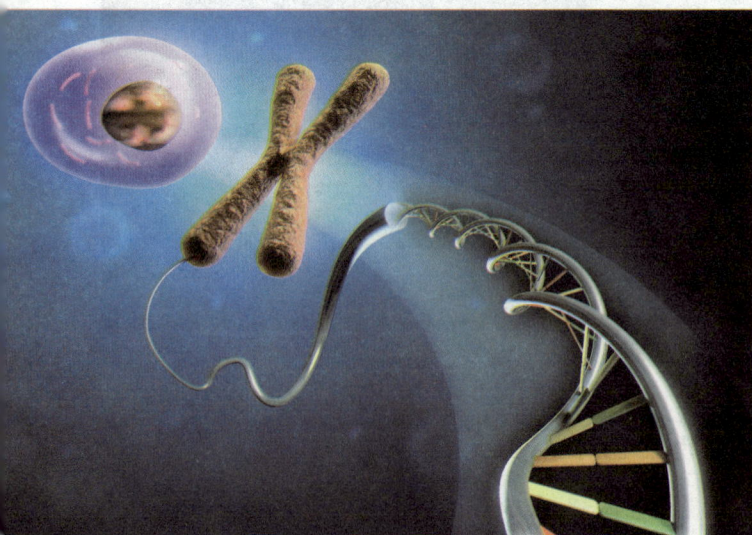

电脑制作的放大很多倍的细胞、染色体和DNA

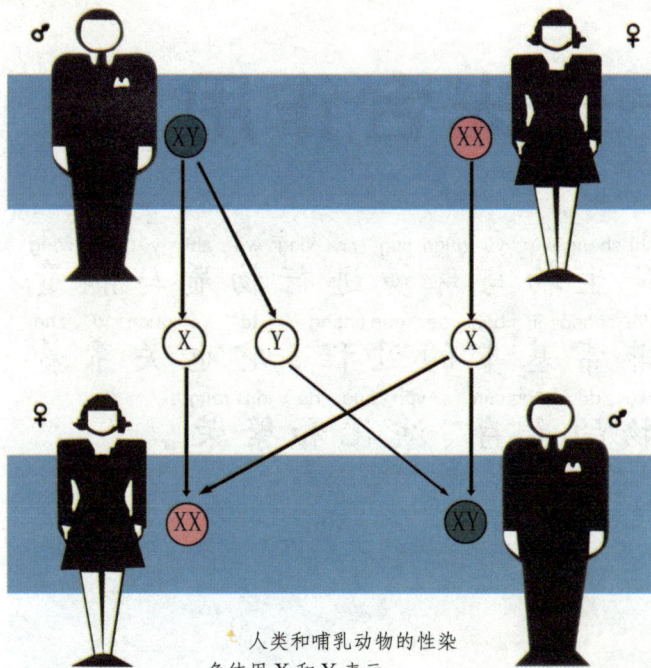

人类和哺乳动物的性染色体用 X 和 Y 表示。

基因工程

1985 年，美国科学家发起的人类基因组工程，得到世界上众多国家的响应。该工程 1990 年正式启动，历时 16 年才完成。根据 DNA 可以断定两代人之间的亲缘关系，因为一个孩子总是分别从父亲和母亲身上接受一半基因物质。

核酸

DNA 是由核酸单体聚合而成的聚合体。核酸的含氮碱基又可分为四类：鸟嘌呤、胸腺嘧啶、腺嘌呤和胞嘧啶。DNA 双螺旋结构模型就是根据这些碱基互补配对原则建立的。

知识小笔记

DNA 重组技术是采用人工手段将不同来源的含某种特定基因的 DNA 片段进行重组，以达到改变生物基因类型和获得特定基因产物的目的的一种高科技。

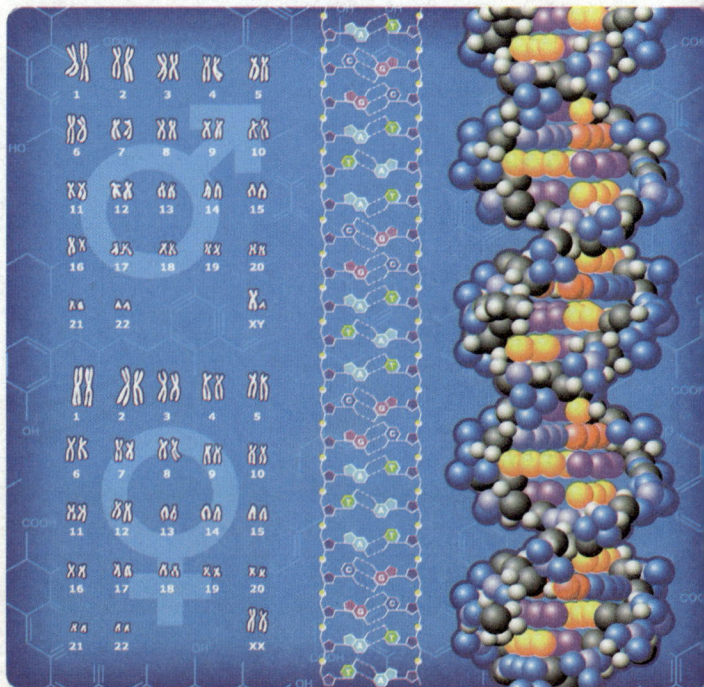

基因与染色体

No. 078 氧气来源——光合作用

guāng hé zuò yòng shì shēng wù yǔ huán jìng jìn xíng wù zhì yǔ néng liàng
光合作用是生物与环境进行物质与能量
jiāo huàn zhōng de yī gè fēi cháng jī běn de guò chéng tā yě guān xì zhe
交换中的一个非常基本的过程，它也关系着
dì qiú shang wú shù shēng wù de shēng cún yǎn huà hé fán róng
地球上无数生物的生存、演化和繁荣。

▶光合作用

guāng hé zuò yòng shì
光合作用是
zhǐ lù sè zhí wù tōng guò yè
指绿色植物通过叶
lù sù lì yòng guāng néng
绿素，利用光能，
bǎ èr yǎng huà tàn hé shuǐ zhuǎn
把二氧化碳和水转
huàn chéng chǔ cún néng liàng de
换成储存能量的
yǒu jī wù bìng qiě shì fàng
有机物，并且释放
chū yǎng qì de guò chéng duì
出氧气的过程。对
dì qiú shang jǐ hū suǒ yǒu de
地球上几乎所有的
shēng wù lái shuō guāng hé
生物来说，光合
zuò yòng shì tā men lài yǐ shēng
作用是它们赖以生
cún de guān jiàn
存的关键。

知识小笔记

1880年，德国的恩格尔曼发现叶绿体是进行光合作用的场所。

▶ 光合作用示意图

太阳光

氧气和水

营养物质和水

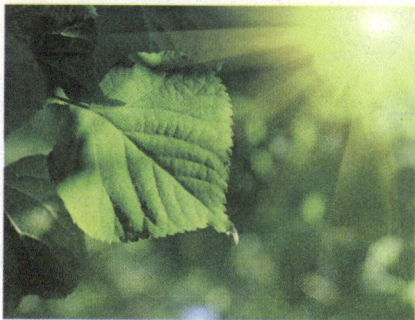

叶绿素

大自然中绝大多数植物的叶片颜色都是绿色的，这是由于含有叶绿素的缘故。科学家们还发现，叶绿素是将太阳能用于光合作用的关键色素。

植物中含有丰富的叶绿素。

空气净化器

地球上有相当一部分的生物要进行有氧呼吸，它们吸入氧气，释放出二氧化碳，而绿色植物的光合作用则维持了大气中氧气和二氧化碳含量的相对稳定，就如同一台天然的空气净化器。

植物是地球上天然的空气净化器。

生物的能量来源

光合作用是植物利用二氧化碳和水合成有机物的过程，不仅构成了植物体本身，同时也为动物和人类制造了食物和其他生活物资。如人类吃饭、穿衣以及其他日常用品的绝大部分都是直接或间接由光合作用提供的。

光合作用使太阳光能被储存在淀粉等有机物中，为植物提供了较直接的能量。

计算机的发展

　　从第一台计算机诞生至今，计算机更新换代极其迅速。目前，科学家们正在研制一种会思考的机器。

■ 计算机的前身 ▶

　　要追溯计算机的发明，可以由中国古时开始说起。中国古人发明了算盘去处理一些数据。利用拨弄算珠的方法，人们无须进行心算，通过固定的口诀就可以将答案计算出来。

■ 电子管计算机 ▶

　　1946 年 2 月 14 日，标志现代计算机诞生的ENIAC（埃尼阿克）号在费城公诸于世。虽然它还比不上今天最普通的微型计算机，但在当时它是运算速度的绝对冠军，而且运算的精确度和准确度也是史无前例的。

知识小笔记

世界上第一台个人电脑由 IBM 公司于 1981 年推出。

▶ 世界上第一台被命名为"埃尼阿克"的电子计算机

晶体管计算机

1948年，晶体管的发明大大促进了计算机的发展。第二代计算机体积小、速度快、功耗低、性能更稳定。它使用晶体管代替电子管，还有现代计算机的一些部件：打印机、磁带、磁盘、内存、操作系统等。

▶ 晶体管被认为是现代历史中最伟大的发明之一，在重要性方面可以与印刷术、汽车和电话等发明相提并论。

▲ 集成电路的出现，使电子产品开始向微型化发展。

集成电路计算机

1958年，集成电路问世，科学家们使更多的元件集成到了单一的半导体芯片上，于是计算机变得更小，功耗更低，速度也更快了。

大规模集成电路计算机

到了20世纪80年代，超大规模集成电路在芯片上容纳了几十万个元件，这种芯片使得计算机的体积和价格不断下降，而功能和可靠性在不断增强。目前，计算机的应用已扩展到社会的各个领域。

▲ 电脑主板

No.080 功能强大——个人计算机

diàn zǐ jì suàn jī jiǎn chēng jì suàn jī yě bèi chēng wéi diàn nǎo
电子计算机，简称计算机，也被称为电脑，
jiù shì dài tì rén nǎo gōng zuò de yī zhǒng gōng jù zhǐ yào shū rù zhǐ
就是代替人脑工作的一种工具。只要输入指
lìng wǒ men jiù kě yǐ ràng diàn nǎo zhí xíng duō yàng ér guǎng fàn de shì qing
令，我们就可以让电脑执行多样而广泛的事情。

△ 计算器硬件设施

■ 计算机硬件

yìng jiàn shì xiāng duì ruǎn jiàn ér yán de shì
硬件是相对软件而言的，是
diàn zǐ jì suàn jī xì tǒng zhōng suǒ yǒu shí tǐ bù jiàn
电子计算机系统中所有实体部件
hé shè bèi de tǒng chēng cóng jī běn jié gòu shang
和设备的统称。从基本结构上
lái jiǎng diàn nǎo kě yǐ fēn wéi wǔ dà bù fen
来讲，电脑可以分为五大部分：
yùn suàn qì cún chǔ qì kòng zhì qì shū rù
运算器、存储器、控制器、输入
shè bèi shū chū shè bèi děng rú guǒ
设备、输出设备等。如果
shuō ruǎn jiàn shì shū shang de wén zì nà
说软件是书上的文字，那
me yìng jiàn jiù shì shū zhōng de zhǐ zhāng
么硬件就是书中的纸张。

■ 操作系统

cāo zuò xì tǒng shì guǎn lǐ diàn nǎo yìng jiàn yǔ ruǎn jiàn de zī yuán
操作系统是管理电脑硬件与软件的资源，
yǐ jí shù jù chuán shū de chéng xù jiān fù zhe guǎn lǐ yǔ pèi zhì nèi
以及数据传输的程序。肩负着管理与配置内
cún jué dìng xì tǒng zī yuán gōng xū de yōu xiān cì xù kòng zhì shū
存、决定系统资源供需的优先次序、控制输
rù yǔ shū chū shè bèi cāo zuò wǎng luò yǔ guǎn lǐ wén jiàn xì tǒng děng
入与输出设备、操作网络与管理文件系统等
jī běn shì wù
基本事务。

△ 电脑软件资源

计算机软件

软件是一系列按照特定顺序组织的计算机数据和指令的集合，它分为系统软件和应用软件。系统软件是计算机运行必不可少的数据和指令，而应用软件是我们最常用的工具，我们使用的文字处理工具、杀毒软件、游戏软件等都属于应用软件。

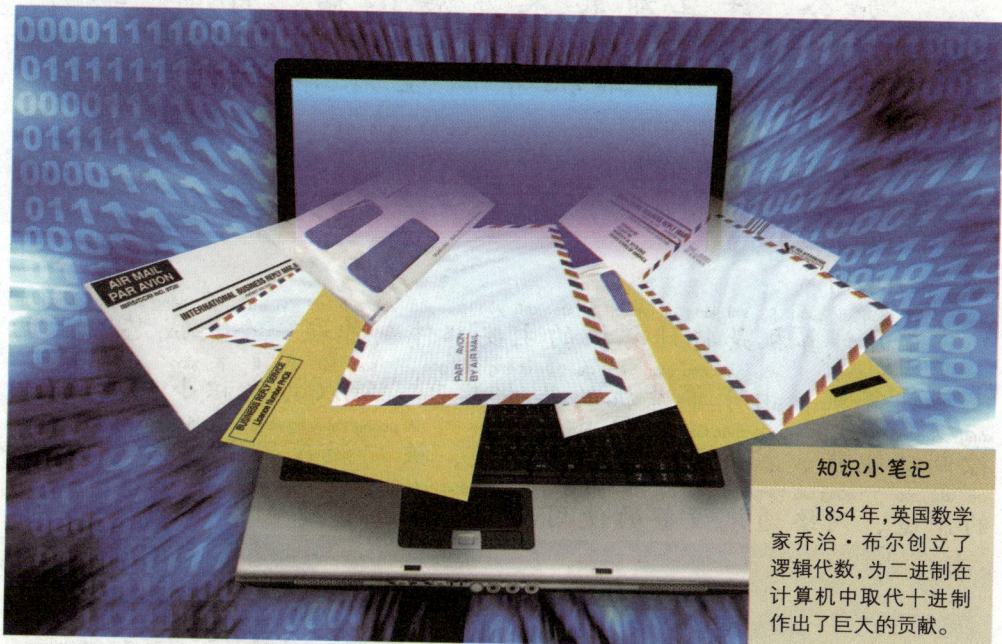

知识小笔记

1854年，英国数学家乔治·布尔创立了逻辑代数，为二进制在计算机中取代十进制作出了巨大的贡献。

电脑装上系统后才能正常运行。

二进制

二进制是计算机的语言，二进制数是用"0"和"1"两个数码来表示的数。它的基数为2，进位规则是"逢二进一"，借位规则是"借一当二"。

二进制是用"0"和"1"来表示的。

No. 081 多种多样——新型计算机

如今，计算机技术发展迅猛。目前，单片计算机、光子计算机等新型计算机成为科学家们研究的方向。

单片计算机

单片计算机是将计算机的主要部件制作在一个集成芯片上的微型计算机。由于单片机的集成度高，所以其体积小、功耗低、控制功能强、扩展灵活、使用方便，被广泛应用于智能仪器仪表的制造、网络通讯设备的使用和医疗卫生行业等。

知识小笔记

1990年初，美国贝尔实验室在世界上首次实现光子运算，证明光子计算机是可行的。

▲ 光子计算机

光子计算机

光子计算机是一种由光信号进行数字运算、逻辑操作、信息存储和处理的概念计算机。它的基本组成部件是集成光路。它的特点是能量消耗小，拥有超高速的运算速度，以及超大规模的信息存储量。

No. 082 影音集合——多媒体

"多媒体"就是通过电脑集多种方法于一体进行的信息传播，包含文字、插图、动画、声音、电影等。

什么是多媒体

多媒体原有两重含义，一是指存储信息的实体，如磁盘、光盘、磁带、半导体存储器等，中文常译作媒质；二是指传递信息的载体，如数字、文字、图形等，中文译作媒介。与多媒体对应的一词是单媒体，从字面上看，多媒体就是由单媒体复合而成的。

知识小笔记

多媒体技术可以提供非常逼真的病人症状模拟，供大夫练习处理和治疗病人的疾患，而无须麻烦真正的病人。

多媒体计算机的系统

多媒体计算机系统不是单一的技术，而是多种信息技术的集成，是把多种技术综合应用到一个计算机系统中，实现信息输入、信息处理、信息输出等多种功能。它的主要硬件有音频卡、视频卡等，软件有文字处理软件、视频软件等。

多媒体虚拟演播室

No. 083 拉近距离——互联网

20世纪60年代末，互联网技术诞生了。到今天，凭借这一技术，人们可以与远在千里之外的朋友视频交流、互发邮件，或共同完成一项工作，或共同娱乐……

互联网

现在使用的互联网利用通信线路，将分布在不同地方的计算机网络连接起来。计算机网络的建立，可以使只拥有小型计算机的部门通过网络使用大型计算机的资源，并利用大型计算机来处理小型计算机无法完成的工作。

知识小笔记

环球网的英文缩写为 WWW（World Wide Web），是互联网上最流行的一种交互式信息查询服务。

互联网术语

互联网有很多术语，每个人或团体在互联网上都用一个域名来代表。域名的最后部分表明相关机构的性质。例如，edu 表明一个教育机构，com 为商业团体，而 org 为非商业机构。

登录网站时，有时需要输入用户名和密码才能共享网站资源。

No. 084 轻松冲浪——宽带

我们要用电脑上网，就离不开宽带的连接。对家庭用户而言，目前的宽带可以满足人们感官所能感受到的语音、图像等各种媒体大量信息传递的需求。

知识小笔记

连接电脑上网的电缆通常可分为三种，即共轴电缆、双绞线和光纤。

DSL

DSL（数字用户线路）技术是基于普通电话线的宽带接入技术。它在同一铜线上分别传送数据和语音信号。数据信号并不通过电话交换机设备，这样减轻了电话交换机的负载。

ADSL

ADSL（非对称数字用户环路）技术是运行在原有普通电话线上的一种新的高速宽带技术。它最初主要是针对视频点播业务开发的，随着技术的发展，它逐步成为一种较方便的宽带接入技术。

只要在相关设备上插上一根宽带线，就可以轻松自如地上网了。

No. 085 特殊的病毒——计算机病毒

用过计算机的人，几乎都见过计算机被病毒感染的状态，这时，计算机会丧失正常工作的能力。其实，所谓的病毒就是一种人为设计的程序。

普通病毒

普通病毒是一种会"传染"其他程序的程序。所谓传染，就是通过修改其他程序来把自身或其变种复制进去完成的。很多电子邮件病毒都属此类，如著名的"爱神"病毒和"梅莉莎"病毒。

计算机蠕虫病毒

计算机蠕虫病毒是一种通过网络的通信功能，将自身从一个节点发送到另一个节点并启动的程序。这种病毒虽然不会破坏计算机数据和硬件，但是它会不断扩散，与正常程序展开计算机运行时间的争夺战，导致计算机变得越来越慢，最后陷入瘫痪。

◀ 计算机蠕虫是一个程序，它会随邮件一起被发送出去。

特洛伊木马病毒 ▶

特洛伊木马病毒能将病毒或破坏性程序传入到计算机网络,而且通常是将这些恶意程序隐蔽在正常的程序之中,尤其是热门程序或游戏,一些用户下载并执行这一程序时,其中的病毒便会发作。

特洛伊木马病毒对电脑破坏性很强。

知识小笔记

第一个计算机病毒发现于 1981 年,是一个苹果机病毒,但它不会破坏数据。

逻辑炸弹 ▶

逻辑炸弹是一种当运行环境满足某种特定条件时执行其他特殊功能的程序。如一个编辑程序,平时运行得很好,但当系统时间为 13 日又为星期五时,它会删去系统中所有的文件,造成系统瘫痪。

反病毒技术 ▶

反病毒技术包括预防病毒、检测病毒和杀毒等三种技术,实施对象包括文件型病毒、引导型病毒和网络病毒。

计算机病毒对电脑系统破坏性很强,因此出现了反病毒技术,专门针对计算机病毒。

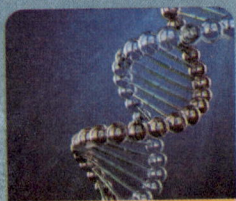

新科学技术

XIN KE XUE JI SHU

No. 086 坚不可摧——合金

wǒ men cháng jiāng liǎng zhǒng huò liǎng zhǒng yǐ shàng de jīn
我们常将两种或两种以上的金
shǔ róng hé ér chéng jù yǒu jīn shǔ tè xìng de wù zhì jiào
属熔合而成具有金属特性的物质叫
zuò hé jīn wǒ men cháng yòng de gāng jiù shì yī zhǒng hé jīn
作合金。我们常用的钢就是一种合金。

■ 什么是合金

hé jīn hé dān zhì jīn shǔ bù tóng dān zhì jīn shǔ jī hū shì yóu yī zhǒng
合金和单质金属不同，单质金属几乎是由一种
jīn shǔ yuán sù zǔ chéng de ér hé jīn zé shì yóu liǎng zhǒng yǐ shàng de yuán sù
金属元素组成的，而合金则是由两种以上的元素
zǔ chéng qí zhōng yī zhǒng bì xū shì jīn shǔ zài rì cháng shēng huó zhōng wǒ
组成，其中一种必须是金属。在日常生活中，我
men shǐ yòng de hé jīn dà duō shì yóu duō zhǒng jīn shǔ hùn hé yě liàn ér chéng de
们使用的合金大多是由多种金属混合冶炼而成的。

■ 知识小笔记

磁性合金能够成
为永磁体，因此在电
子、计算机和自动控制
领域有很大应用。

合金

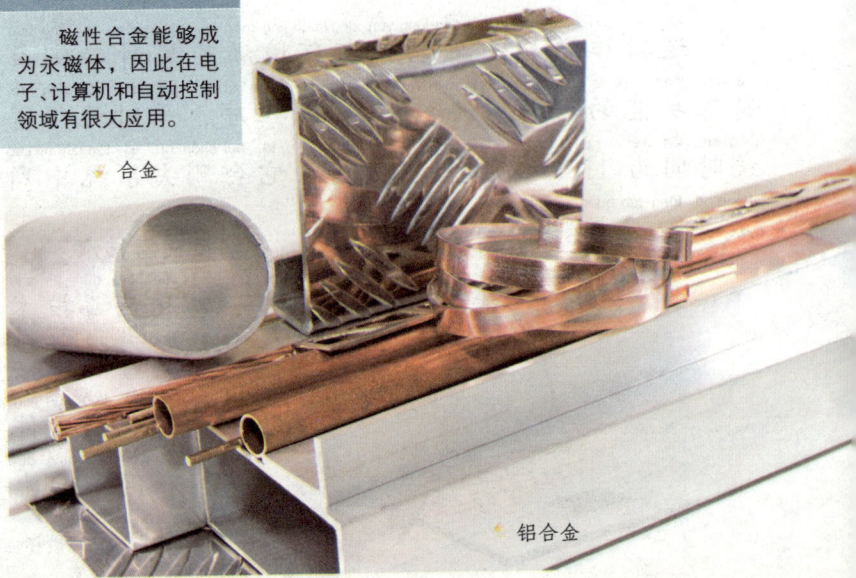

铝合金

■ 钛合金

金属钛易于加工，密度小，耐腐蚀性强，因此人们把它和其他金属合起来，制成钛合金。这些钛合金性能超出钛金属本身，比如钛与铝、钒的合金具有很好的耐热性能，可以在高温下工作很长时间。钛合金已广泛用于各方面，尤其是在航天领域有特殊的应用。

■ 铝合金

铝是一种质地轻柔的金属，密度较小，它的合金一般会保持这个特性，但是比纯铝坚硬。常用的铝合金有铝锰合金和铝镁合金，它们耐腐蚀性较强，用于制造容器和管道。其他一些铝合金在制造业中也有十分重要的地位，如在实际生活中，用铝合金制作的门窗美观大方，受人喜欢。

↑ 铝合金轮胎

■ 铜合金

除了青铜以外，铜合金还有许多。我们常用的是黄铜，它是铜和锌的合金，适合制造精密零件。铜和镍的合金称为白铜，它具有很好的耐腐蚀性能，常被用于在强腐蚀环境中工作的工具的零部件。

▶ 用铜合金制造出来的厨具

No. 087 信息基础——**电子元件**

zì dòng mén wèi shén me huì zì dòng kāi guān ne zhè shì yīn wèi
自动门为什么会自动开关呢？这是因为
tā yóu diàn zǐ yuán jiàn kòng zhì zhe diàn zǐ kē xué shì xiàn dài xìn xī
它由电子元件控制着。电子科学是现代信息
jì shù de jī chǔ jiè zhù diàn zǐ yuán jiàn de tè xìng xìn xī dé yǐ
技术的基础，借助电子元件的特性，信息得以
zài shì jiè fàn wéi nèi chuán bō shǐ rén lèi shè huì jìn rù xìn xī shí dài
在世界范围内传播，使人类社会进入信息时代。

■ 电子管

diàn zǐ guǎn jiù shì wēi xíng yīn jí shè xiàn guǎn zài diàn
电子管就是微型阴极射线管，在电
zǐ guǎn nèi bù liǎng duān fēn bié lián jiē le diàn yuán de zhèng jí hé
子管内部两端分别连接了电源的正极和
fù jí diàn zǐ guǎn liǎng jí jiān yǒu qiáng dà de diàn chǎng tōng
负极。电子管两极间有强大的电场，通
diàn shí tā kě yǐ jiāng diàn liú xìn hào fàng dà zài zǎo qī de
电时它可以将电流信号放大。在早期的
diàn shì jī hé shōu yīn jī zhōng jiù kě yǐ jiàn dào diàn zǐ guǎn
电视机和收音机中就可以见到电子管。

▲ 电子管

■ 半导体

bàn dǎo tǐ yě shì yī zhǒng néng dǎo diàn de wù zhì
半导体也是一种能导电的物质，
tā de dǎo diàn xìng néng bǐ dǎo tǐ chà bǐ jué yuán tǐ
它的导电性能比导体差，比绝缘体
hǎo yīn cǐ bèi chēng wéi bàn dǎo tǐ bàn dǎo tǐ nèi
好，因此被称为半导体。半导体内
kě dǎo diàn de jiè zhì xī shǎo qiě biàn huà jù liè
可导电的介质稀少，且变化剧烈，
yīn cǐ yǒu xǔ duō tè shū de diàn xué tè xìng zài xiàn
因此有许多特殊的电学特性，在现
dài diàn zǐ jì shù zhōng yǒu dà liàng de yìng yòng
代电子技术中有大量的应用。

▲ 半导体

二极管

二极管也是一种半导体材料，它只有两个电极，一个正极，一个负极。二极管只允许电流向一个方向流动，即只能从正极流向负极。有一些二极管在传导电流时还可以发光，称为发光二极管。二极管在电子技术中的用途非常广泛。

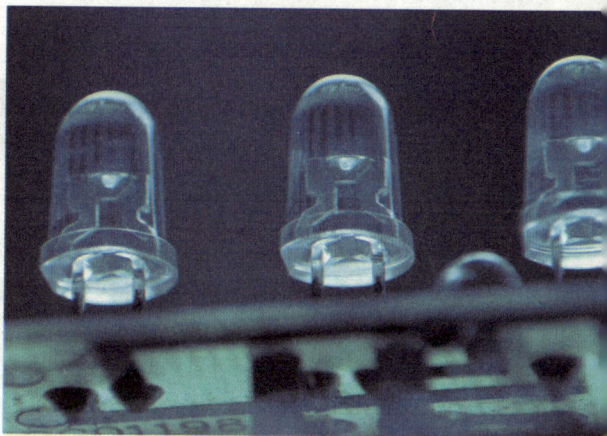

↑ 二极管

知识小笔记

有一些半导体在受热的时候，内部会产生电信号，它们和传导元件组合在一起，就成为温度传感器。

晶体管

晶体管是一种半导体器件，它的全称是半导体三极管。晶体管有三个电极，它可以放大电信号，能实现自动开关的作用，因此应用非常广泛。

电容

电容由两个分离的板面组成，这两个板面分别连接着正极和负极。当供电的时候，电容的正极板面接受电流，并把这些电流暂时积累起来；供电结束以后，电容又把积累的电荷释放出来。电容的这种性质使它成为电路中不可缺少的电子元件。

↑ 电子元件对城市照明有很重要的作用。

No. 088 细小复杂——集成电路

集成电路是一个微型的完整电路。20世纪中期，美国工程师杰克·基尔比发明了世界上第一个集成电路（缩写为IC）。这个装置揭开了人类20世纪电子革命的序幕。

知识小笔记

电脑设备需要许多块芯片安装在同一个印制电路板上来工作。芯片之间的连接就是通过"印制"在电路板上的铜线来实现的。

↘ 集成电路的晶体管、二极管

■ 设计电路

在制作一个集成电路之前，首先要把整个电路画成大样，并仔细进行核对。由于集成电路是一层一层制作的，因此每一层的平面图都要单独设计、制图。跟芯片一样大小的掩膜就是根据这些平面图制作的。

■ 封壳芯片

在一个电路板中看到的"芯片"实际上是把芯片装在里面并且封壳了的。芯片通过极细的金丝与伸出封壳外面的金属引脚连接，以达到和电路板连接的目的。

No.089 速度快捷——光通信

guāngtōng xìn shì yī zhǒng yǐ guāng bō wéi chuán shū méi zhì de tōng xìn
光通信是一种以光波为传输媒质的通信
fāng shì 19 shì jì yīng guó fā míng jiā bèi ěr jīng guò yán jiū chéng
方式。19世纪，英国发明家贝尔经过研究，成
gōng de jiē shōu dào le guāng diàn huà chuán dì de xìn xī zhè yī jǔ dòng
功地接收到了光电话传递的信息，这一举动
wèi rén lèi jiē kāi le tōng xiàng guāng tōng xìn de dà mén
为人类揭开了通向光通信的大门。

■光通信的发端

rén lèi hěn zǎo jiù lì yòng guāng lái chuán dì xìn xī 2000 duō nián qián zhōng guó jiù yǒu lì yòng
人类很早就利用光来传递信息。2000多年前，中国就有利用
guāng chuán dì yuǎn jù lí xìn xī de shè shī cháng chéng fēng huǒ tái
光传递远距离信息的设施——长城烽火台。

知识小笔记

1970 年美国康宁公司用高纯石英生产出世界上第一根耗损率为每千米 20 分贝的套层光纤，开创了光纤通信的新篇章，使通信光纤研究跃进了一大步。

↑ 光通信模拟图

■贝尔的光电话

yǐ fā míng diàn huà ér wén míng de bèi ěr zài 1876 nián fā míng le diàn huà zhī hòu jiù xiǎng
以发明电话而闻名的贝尔，在 1876 年发明了电话之后，就想
dào lì yòng guāng lái tōng diàn huà de wèn tí 1880 nián tā lì yòng tài yáng guāng zuò wéi guāng yuán dà
到利用光来通电话的问题。1880 年，他利用太阳光作为光源，大
qì wéi chuán shū méi zhì yòng xī jīng tǐ zuò wéi guāng jiē shōu qì jiàn chéng gōng de jìn xíng le guāng diàn huà
气为传输媒质，用硒晶体作为光接收器件，成功地进行了光电话
de shí yàn tōng huà jù lí zuì yuǎn dá dào le 213 mǐ
的实验，通话距离最远达到了 213 米。

No.090 缤纷世界——显示技术

照相机发明后，我们可以留住生活瞬间的景象。但相片是静止图像，于是科学家们创造了一系列的显像技术和显像仪器，把一张张静止的图像，变为动态的影像。

显像管

显像管是电视的一个重要组成部分，它在电视的成本中约占 60%。它的发展历程为球面管、平面直角管、超平管和平面管。它的主要作用是将发送端摄像机摄取转换的电信号在接收端以亮度变化的形式重现在荧光屏上。

知识小笔记

1926年，英国电器工程师约翰·洛吉·贝尔德演示了第一架电视装置。

▲ 显像管是电视机重要的组成部分。

CRT 显示器

CRT就是阴极射线管。我们平时将CRT显示器归为一类，就是因为这一类显示器虽然在功能、款式等方面差异较大，但它们的核心技术是一样的，都是采用阴极射线管。

No. 091 移花接木——器官移植

今天，如果人体的某个器官不能正常运行或受损，就可以通过手术，由医生进行器官更换，这就是器官移植。一般来说，提供器官的人可以是在世的人，也可以是刚刚过世的人。

知识小笔记

1967年，南非医生克里斯蒂安·巴纳德将一位因头部损伤将要死去的24岁妇女的心脏，移植给了另一位因患心脏病生命垂危的刘易斯·沃什坎斯基。沃什坎斯基活了18天后死于肺炎。

■ 皮肤移植

皮肤是人类最早尝试进行移植的组织之一，同时也可能是最早获得移植成功的组织。在古埃及就有专门从事皮肤移植的专业人员。后来人们还发明了取皮器，可以十分方便地采集皮肤。现在有许多生物材料被开发出来作为皮肤的代用品。

■ 角膜移植

眼科医生为了使因角膜疾病而失明的患者重见光明，很早就想到了角膜移植。而在各种移植手术当中，角膜移植术的成功率名列前茅。手术显微镜的诞生，极大地推动了角膜移植技术的发展。

● 角膜移植

No.092 科学双刃剑——**克隆技术**

什么是克隆？克隆就是人工遗传操作动物繁殖的过程，这门生物技术叫克隆技术。目前，克隆技术发展十分迅速，各国对此评价褒贬不一。

■ 克隆

克隆是一个古老的词语，原义是指植物的枝条繁殖，现在用来指人工诱导的无性繁殖方式。早在20世纪50年代的时候，科学家们就尝试克隆动物，并获得了成功，不过当时是用低等动物做实验，比如青蛙和金鱼。

知识小笔记

2003年2月14日，多利由于患进行性肺部感染，被实施了安乐死。

■ 克隆动物

在20世纪90年代，英国科学家把克隆技术使用在哺乳动物羊身上，并取得了成功。他们先从一头山羊A身上提取体细胞，然后把遗传物质注射进去掉细胞核物质的山羊卵细胞里，这个卵细胞最后发育成一头新个体"多利"。多利的遗传物质和山羊A完全相同。

▲ 克隆羊

No. 093 交叉科学——生物工程

生物工程是20世纪70年代初开始兴起的一门新兴的综合性应用学科。它的应用领域非常广泛，它必将对人类社会生活的各个方面产生巨大的影响。

▲ 发酵的面包

生物工程的体系

生物工程包括了能创造新物种的遗传工程，也包括能随意使生物变大变小的细胞工程，能使生物反应于刹那间完成的酶工程，给人类带来了众多福利的微生物工程，蛋白质工程及生化工程。

细胞工程

人们把在细胞和亚细胞水平上的遗传操作，即通过细胞融合、核质移植、染色体或基因移植以及组织和细胞培养等方法，快速繁殖和培养出所需要的新物种的技术称为细胞工程。

知识小笔记

1965年9月，中国完成了结晶牛胰岛素的全合成。这是世界上第一个人工合成的蛋白质，为人类认识生命、揭开生命奥秘迈出了一大步。

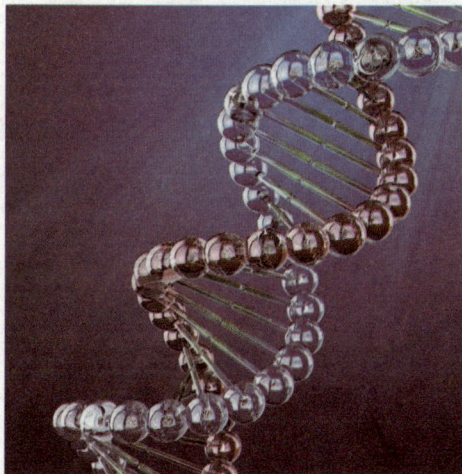
▲ 电脑制作的 DNA

No. 094 威力十足——核技术

suí zhe kē jì de fā zhǎn rú jīn hé jì shù yǐ jīng zài nóng
随着科技的发展，如今核技术已经在农
yè gōng yè yī liáo huán jìng gōng gòng ān quán yǔ kē yán děng lǐng
业、工业、医疗、环境、公共安全与科研等领
yù yǒu zhe jí qí guǎng fàn de yìng yòng
域有着极其广泛的应用。

核能

hé néng yě chēng yuán zǐ néng tā shì yī zhǒng tè shū de xīn néng yuán yǒu jù dà de néng liàng
核能也称原子能，它是一种特殊的新能源，有巨大的能量。
hé néng de lì yòng jì néng wèi rén lèi zào fú yě néng gěi rén lèi dài lái jù dà zāi nàn jī jí
核能的利用，既能为人类造福，也能给人类带来巨大灾难。积极
tuī jìn hé néng de hé píng lì yòng shì rén lèi de míng zhì zhī jǔ rén lèi zhèng zài wèi cǐ ér nǔ lì
推进核能的和平利用，是人类的明智之举，人类正在为此而努力。

核爆炸实验

知识小笔记

1903年，诺贝尔物理学奖一半授予法国物理学家亨利·贝克勒尔，另一半授予法国物理学家居里夫妇，以表彰他们对辐射现象所作的卓越贡献。

■ 核裂变

核裂变又称链式反应。在链式反应中,当一个中子撞击一个铀原子时,这个铀原子就会分裂,并会释放出 2 至 3 个中子。这些中子会同样去撞击其他原子,并依序进行下去。核裂变能释放出很大的能量,原子弹爆炸就是核裂变的结果。

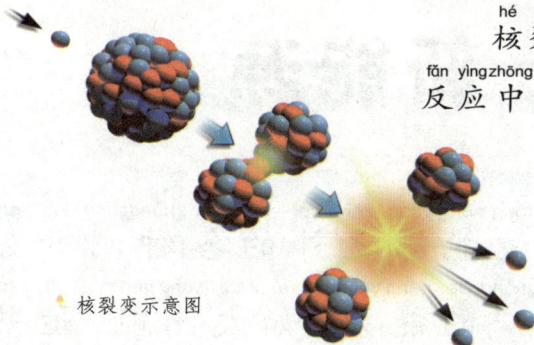

核裂变示意图

■ 核聚变

核聚变是 2 个或 2 个以上的原子核在超高温等特定条件下聚合成一个较重的原子核时释放出巨大能量的反应。因为这种反应必须在极高的温度下才能进行,因此又叫热核反应。

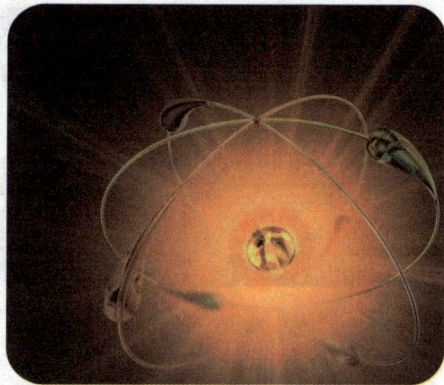

核聚变

■ 核燃料

在核能利用中,把能发生裂变和聚变反应的材料称作核燃料。由于核反应分为核裂变和核聚变,所以核燃料又分为裂变核燃料和聚变核燃料。

核电厂

No. 095 种类繁多——新能源

xīn néng yuán jiù shì chuántǒng néng yuán zhī wài de gè zhǒnggāng kāi shǐ
新能源就是传统能源之外的各种刚开始
kāi fā lì yòng huò yǒu dài tuī guǎng de néng yuán rú tài yáng néng dì rè
开发利用或有待推广的能源，如太阳能、地热
néng fēng néng hǎi yáng néng shēng wù zhì néng hé hé néng děng
能、风能、海洋能、生物质能和核能等。

■ 太阳能

▶ 太阳能

tài yáng néng yǐ jīng yòng yú jì suàn jī shǒu
太阳能已经用于计算机、手
biǎo yǐ zhì fā diàn zhàn tā de qián lì jù dà
表，以至发电站。它的潜力巨大，
kē xué jiā men zhèng zài yán jiū wā jué tā xī wàng
科学家们正在研究挖掘它，希望
néng zǎo yī tiān bǎ tài yángnéngquánmiàn lì yòng qǐ lái
能早一天把太阳能全面利用起来。

■ 水能

shuǐ néng shì yī zhǒng kě zài shēng de néngyuán hái shì yī zhǒng jié jìng de néngyuán yīn wèi tā bù
水能是一种可再生的能源，还是一种洁净的能源，因为它不
wū rǎn kōng qì yě bù huì chǎnshēng yǒu hài fèi wù rén men yǐ jīng lì yòng shuǐ lì lái fā diàn zài
污染空气，也不会产生有害废物。人们已经利用水力来发电。在
yī gè diǎn xíng de shuǐ lì fā diàn zhànzhōng shuǐ kù zhōng de shuǐ jīng bèng yā liú jìn shuǐ lì wō lún jī
一个典型的水力发电站中，水库中的水经泵压流进水力涡轮机，
shǐ wō lún jī zhuàndòng wō lún jī zài dài dòng fā diàn jī lái fā diàn
使涡轮机转动，涡轮机再带动发电机来发电。

三峡水电站

风能

fēng néng shì zhǐ liú dòng de fēng chǎn shēng de
风能是指流动的风产生的
néng liàng fēng néng kě yòng lái fā diàn   ér fēng chē
能量。风能可用来发电，而风车
shì zuì zǎo lì yòng fēng néng de jī xiè   dàn rú jīn
是最早利用风能的机械，但如今
fēng chē yǐ bèi fēng dòng wō lún jī suǒ qǔ dài
风车已被风动涡轮机所取代。

地热能

lì yòng dì qiú nèi bù de rè liàng kě yǐ huò
利用地球内部的热量可以获
qǔ dì rè néng   dà duō shù dì rè néng zhàn dōu
取地热能。大多数地热能站都
jiàn zài kào jìn huǒ shān de dì qū   zài nà lǐ
建在靠近火山的地区，在那里，
dì dǐ xia de yán shí dōu shì chì rè de   dāng
地底下的岩石都是炽热的。当
shuǐ liú zhù rù chì rè de yán shí fèng zhōng shí   wēn
水流注入炽热的岩石缝中时，温
dù shēng gāo biàn chéng zhēng qì   zhēng qì bèi guǎn dào
度升高变成蒸汽，蒸汽被管道
sòng rù dì rè néng zhàn
送入地热能站。

✦ 风力发电

核能

hé néng shì yī zhǒng tè shū de xīn néng yuán   jù yǒu páng dà de néng
核能是一种特殊的新能源，具有庞大的能
liàng   dàn shì hé diàn chǎng yī dàn fā shēng hé xiè lòu   jiāng huì gěi zhōu biān
量。但是核电厂一旦发生核泄漏，将会给周边
de huán jìng zào chéng cháng jiǔ xìng de wū rǎn
的环境造成长久性的污染。

知识小笔记

1992年，我国长江三峡水力发电站开始动工兴建，到2007年，三峡水电站建成并投入使用。

✦ 核电站

No.096 保护家园——垃圾处理技术

随着世界各国工业的迅猛发展，地球上的垃圾越来越多，已经危害到了人类的生存环境。对于如何科学地处理垃圾，各国科学家们非常重视，正在积极地研究对策。

■ 填埋法

根据工艺的不同，垃圾填埋法又分为传统填埋和卫生填埋两类。传统填埋这种方法是利用坑、塘、洼地将垃圾集中堆置在一起，不加掩盖，是未经科学处理的填埋方法。卫生填埋法是采用工程技术措施，防止产生污染及危害环境的处理方法。

▲ 垃圾处理现场

■ 堆肥法

堆肥法是将垃圾运送到郊外堆肥厂，按照堆肥工艺流程处理后制作成肥料。这种方法成本低、产量大。但是由于经济实用的化肥大量普及，导致垃圾肥料的市场越来越小。

热解法

在隔绝空气的条件下，垃圾在热解装置中受热而使有机物质分解，从而转化成燃气。燃气进入余热锅炉换热后，通过热蒸汽进入汽轮发电机发电。

垃圾发电

知识小笔记

日本城市垃圾焚烧发电技术发展很快，1989 年焚烧处理的比例已占总量的 73.9%，20 世纪 90 年代升至 84%，到2000年完全采用垃圾焚烧法。

最先利用垃圾发电的是德国和美国。1965 年，德国就建有垃圾焚烧炉七台，垃圾发电受益人口为 245 万；而美国自 20 世纪 80 年代起就投资 70 亿美元，兴建了 90 座垃圾焚烧厂，年处理垃圾总能力达到 3000 万吨。

垃圾焚化炉

No.097 微观世界——纳米技术

随着科技的发展,人类认识、改造微观世界的水平提高到了前所未有的高度。目前,美国、日本、英国等发达国家都对纳米科技给予高度重视,纷纷制订研究计划,进行相关研究。

知识小笔记

纳米机器人是科学家设想的一种新型医疗设备。它可以深入人体的血管,甚至进入病患处清除那些微小的细菌和癌变细胞。

纳米科学

纳米是一个长度单位,它只有十亿分之一米。纳米技术就是研究0.1至100纳米范围里电子、原子和分子内的运动规律和特性的一项崭新技术。

纳米技术的应用

纳米技术应用范围很广泛,可以应用在不同的领域之中。纳米技术可以应用在陶瓷上,使陶瓷具有像金属一样的柔韧性和可加工性;在微电子领域中,有碳纳米管;将纳米技术应用到雷达上以后,会提高10至100倍的雷达探测能力。

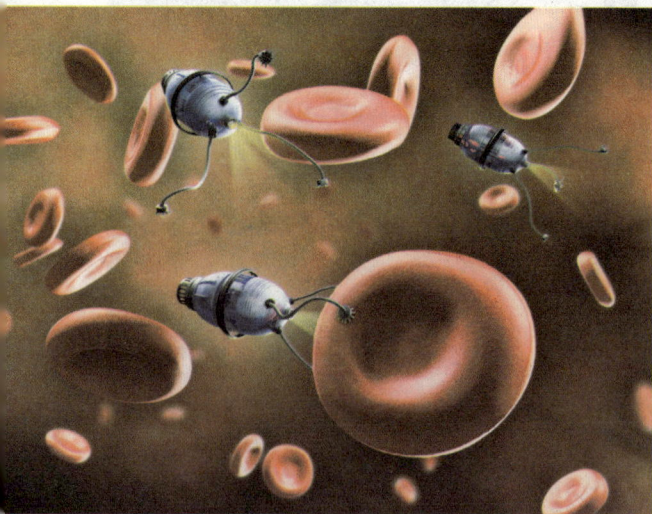

电脑制作的纳米机器穿越细胞示意图

No. 098 忠实可信——机器人

机器人就是可以帮助人们工作的机器，它可以协助或取代人类的工作，例如生产业、建筑业，或是危险的工作等。它既可以接受人类指挥，又可以按照预先编排的程序工作。

机器人名称由来

1920年，捷克斯洛伐克作家卡雷尔·恰佩克在他的科幻小说《罗萨姆的机器人万能公司》中，创造出"机器人"这个词。在原小说中，机器人是一种像永不疲倦的仆人一样的机器。

知识小笔记

2004年，"世界最轻"的飞行机器人在日本精工爱普生株式会社诞生。这个机器人仅重8.6克（不含电池），最大直径136毫米，高85毫米。

装配机器人

在一些装配工作间里，你会看见做工精细的机械手在电脑的操控下精确地完成各种电器的制造，它们就是装配机器人。这些机械手臂被制作得像人类手臂一样，能够抓握工具和零件。而且有些机械手臂有多达六个关节，可以完成相当精细的操作，其准确快捷远远胜过人类。

机械手臂

No. 099 科技高端——人工智能

人工智能是电脑科学的一个重要分支。有了人工智能，机器可以自动运转生产，没有飞行员的飞机可以安全地起飞降落。人工智能不可能取代人的智能，但它必定会带来一场全新的革命。

▲ 人工智能计算机

■ 人工智能的产生

"人工智能"这个术语在 1956 年被正式提出。在美国达特莫斯大学的麦卡锡与哈佛大学的明斯基等人共同发起了第一次人工智能研讨会，他们从不同学科的角度，探讨了人类智能活动的特征，以及用机器进行模拟的可行性。

■ 机器学习

机器学习是机器具有智能的重要标志，同时也是机器获取知识的根本途径。由于机器学习在机器智能中的重要地位，使得机器学习很早就成为人工智能的一个重要研究领域。

语言理解

语言是人类进行信息交流的主要媒介，但由于它的多义性，目前人类与计算机系统之间的交流还要依靠那种受到严格限制的非自然语言系统。现在的人工智能研究一般是在文字识别和语音识别系统的配合下进行书面语言和有声语音的识别与理解。

计算机上一般都装有语音识别系统。

模式识别

模式识别就是使计算机能够对给定的事务进行鉴别，并把它归入与其相同或相似的模式中。这其中，被鉴别的事物可以是物理的、化学的、生理的，也可以是文字、图像、声音等。

知识小笔记

1956年，美国人塞缪尔研制成功了具有自主学习、自主组织、自主适应能力的跳棋程序。

指纹识别

No.100 精准定位——新导航技术

古时候，人们通过观察星座变化来确定自己的大致位置。进入20世纪，人类将卫星送上了天空，使导航技术进入一个崭新的时代。

■ GPS 含义

GPS就是全球定位系统的英文缩写，是运用现代先进技术开发的尖端导航系统。它能运用至少三颗人造卫星，在极短的时间里确定地球上某个目标精确的地理位置。

▷ 车载 GPS 导航

■ 第二代GPS ▶

这个系统最初是由美国陆海空三军于20世纪70年代联合研制的。后来，此系统历经20余年的研究实验，耗资300亿美元，直到1994年3月，全球覆盖率高达98%的24颗GPS卫星星座才正式布设完成。

◆ GPS导航仪

知识小笔记

GPS不仅有我们熟知的导航等应用，很多大型的道路桥梁工程中也用GPS作为一种测量方式。

■ GPS的应用 ▶

现在GPS系统的应用已不局限在军事领域内了，而是发展到汽车导航、大气观测、地理勘测、海洋救援、载人航天器防护探测等各个领域。

■ GPS的原理 ▶

GPS的定位原理是：用户接收卫星发射的信号，从中获取卫星与用户之间的距离、时钟校正和大气校正等参数，通过数据处理确定用户的位置。而在用户的GPS接收装置上会出现地图和目标所在位置的指示。

◆ 游轮上会安装GPS导航系统，以防迷失方向。

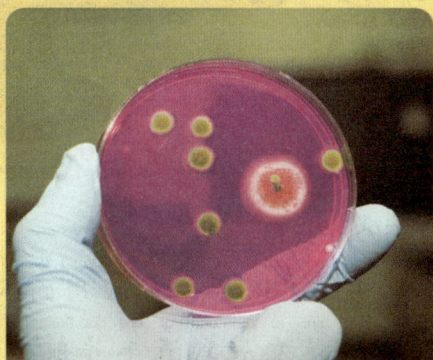

百大科学奥秘

BAI DA KE XUE AO MI